JN410340

018

영원한 미소

박태주 수필집

도서출판
경남

살아온 모습들

수필이 무엇인지도 모르고 달려들었던 지난 시간들을 되돌아봅니다. 그냥 걸어온 길을 글로 써내려 가면 되는 줄 알았습니다. 글 속에 숨겨진 보석 같은 진리를 얻으려는 일은 언감생심이었습니다. 그래도 사는 동안 허송세월을 하는 것보다는 나을 것 같아 펜을 잡았던 것입니다.

나에게도 문학에 대한 예능이 있을까를 되뇌어보기도 여러 번, 글도 아닌 것을 가지고 우쭐댔던 일도 있었으니 말입니다. 그때는 자만심마저 생겨 귀를 막고 있었던 것으로 기억합니다.

그토록 아까운 시간들을 흘려보내는 동안 혹여 지름길이라도 있을까 싶어 이곳저곳을 기웃거려 보기도 하였습니다. 그러다가 마음을 가다듬는 글공부를 할 수 있는 곳을 찾게 된 것입니다.

물목문학 동아리에 들어서고 보니 얼굴 붉힐 일이 많았습니다.

도사리만도 못한 글을 선보이려니 그랬었지요. '세월이 약' 이라는 말처럼 나이를 먹어가니 철이 드는지 모르겠습니다. 이제야 수필의 기초를 닦아 나가고 있으나 아직도 풋내기를 벗어나지 못하는 열중이일 뿐입니다.

'무식한 사람이 용감하다' 는 말을 들은 적이 있습니다. 그런 부류에서 벗어나지 못하고 있음을 자인하면서 무례를 저지르려 합니다. 살아온 모습들을 기억하며 덧칠해 본 글들을 말입니다.

서투른 글을 세상에 내어놓으려니 가슴이 졸아듭니다. 그렇지만 내가 살아온 모습을 그냥 묻어두는 것보다는 낫겠다 싶어 용기를 내었습니다. 그 속에는 사람의 길을 걷고자 했던 어릴 적 각오도 한몫을 하였으리라 싶습니다.

지금도 내게 깊은 감명을 주었던 글들이 가슴을 촉촉이 적시고 있습니다. 그런 글들이 희망이 되어 내 발길을 밝혀 주었음을 부인하지 않습니다.

세상을 살아가는 데는 발걸음 하나에도 진리가 담겨 있다고 하였습니다. 어떻게 걸을 것인가 라는 물음을 앞세워 앞으로도 계속 글을 써보려 합니다.

그동안 물목문학 모임에서 채찍을 가해 주었던 회원 여러분과 심혈을 다해 가르쳐 주시고 작품 해설까지 해 주신 고동주 지도교수님께 깊은 감사를 드립니다.

차례

네 번 째

두릅나무의 눈물

다 섯 번 째

영원한 미소

작품 해설

첫 번 째

그림자

된장국은 나눔의 멋을 지니고 있다. 어렵게 살던 시절, 이웃의 생계가 걱정되어 사립문을 밀치고 들어가기도 했고, 때로는 이웃에서 맛을 보라며 울타리를 넘어온 인정이 있었지 않았던가.

된장국

우리들 밥상에 구수하게 고향을 여는 것은 된장국이리라.

며칠 전 어느 식당에서 맛있는 된장국을 먹었다. 모락모락 김이 오르는 사이로 어머니의 미소가 보이는 듯했다. "아직도 된장국을 좋아하고 있구나" 하시면서 다정하게 들려주시는 것 같았다. 그날 먹은 된장국에는 어머니의 손맛처럼 정이 듬뿍 깃들여 있어서 그랬으리라 싶다.

내가 어렸을 때는 된장국이 밥상의 가장자리를 차지하고 있었다. 사시사철 보리밥과 함께 떨어질 수 없었던 인연이었고, 내 입에는 어머니가 끓여 주신 것이라야 제격이었다. 어머니가 입원했던 몇 달간은 누나가 끓여 주었지만 영 맛이 나지 않아 투정을 부리기도 했다. 어머니 손맛은 학창시절 된장과 멸치 넣고 밥솥에 얹어 끓였던 그 맛과 냄새가 별반 다르지 않았다.

된장국은 우리 조상이 만들어 낸 정통성 있는 영양만점의 음식이다. 거기에는 기나긴 역사가 흐르고 그 속에 어머니의 따뜻한 사랑과 훈훈한 정이 녹아 있다. 길지 않은 시간이어도 잘 숙성된 메주로 만들어진 된장국은 우리의 밥상을 오래도록 지켜왔던 것이다.

이런 기억 속에 내가 맛보았던 일이 떠오른다.

일본에 갔을 때 먹어 보았던 된장국은 희멀겋기도 하고 맛 또한 없었다. 그네들이 우리의 된장국을 훔쳐갔어도 우리 조상들이 쏟아 부었던 그런 솜씨를 어찌 흉내 낼 수 있을까 싶어 쓴웃음이 나기도 했다.

얼마 전에는 내가 즐겨 찾던 식당에서 끓여 준 된장국을 먹었다. 예전 맛이 나지 않아 마음 한구석이 허전한 느낌이 들었다. 아무렇게나 끓여서 내어 놓은 듯싶었다. 아마 손님이 밀어닥칠 때 돈을 모아 보자는 심산으로 그랬는지 모른다. 그러나 음식에도 기업철학이 배어 있다는 것을 모르고 눈앞의 이익만 노리고 한 짓이라면, 머지않아 발길이 끊어질 것은 명약관화한 사실이 아니던가.

나는 된장국을 먹을 때마다 생활철학이 담겨 있는 것들을 찾아내곤 한다. 된장국에는 할머니 · 어머니로 이어오면서 가족의 건강을 지켜왔고 자식을 사랑하고 참된 심성을 길러냈던 일까지, 그리고 화기애애한 향기를 집안 가득 피워내기도 하고, 차례로 국그릇에 정을 담그며 장유유서長幼有序를 지켜 온 가정교육의 장이었음을 안다.

된장국은 나눔의 멋을 지니고 있다. 어렵게 살던 시절, 이웃의 생계가 걱정되어 사립문을 밀치고 들어가기도 했고, 때로는 이웃에서 맛을 보라며 울타리를 넘어온 인정이 있었지 않았던가.

그뿐만이 아니다.

된장국은 즐거움, 괴로움 모두를 녹이는 용광로였다. 잘 끓인 된장국에는 온갖 상념이 녹아내리듯 했다. 모락모락 피어오르는 뜨거운 김이 음표가 되고 담기는 숟가락에 박자를 맞추면 즐거움을 채워주는 한 가락 앙상블이었다.

그러나 지금의 세태는 알뜰히 지켜온 우리의 전통 식생활문화가 하나씩 허물어져 내리는 아쉬움을 지울 수 없다. 더구나 우리의 건강을 지켜온 신토불이 음식의 역사가 단절될 것 같다는 생각이 자꾸만 커져가고 있으니 말이다.

요즈음 젊은 어머니들은 된장국 끓이기를 싫어한다고 한다. 그저 간편하게 조리할 수 있는 반찬으로 때우기가 일쑤라지 않는가. 그런가 하면, 아예 외식으로 일관하는 가정이 늘어나는 것도 문제지만, 수입된 양식洋食에 입맛을 맞추어 가고 있으니 걱정스러운 일이다. 양식은 편중된 영양으로 현대병을 유발하는 요인이라고 한다. 거기다가 또 다른 문제는, 우리의 이웃이 아파트 철문으로 굳게 닫혀 버렸다는 점이라 하겠다. 그 철문 사이로 된장국 냄새가 새어 나오지 않고 텁텁한 인정이 담장을 넘나드는 일도 사라져 가고 있으니 다시 한 번 돌이켜 볼 일인 것이다.

지금 이 시대에 사랑과 인정이 넘치는 된장국을 먹고 자라는 아이가 얼마나 될까. 사랑에 굶주리고 정을 그리워하는 아이가 늘어나고 있다고 하니 말이다. 어머니의 따스한 손맛이 사라지고 외식으로 자라고 있는 아이에게 사랑과 인정이 넘치는 사회를 기대하기는 어렵지 않을까?

비싼 돈 들여 양식洋食하느니보다 우리 것을 지키는 음식문화가 확산되었으면 좋으련만…….

까치집

이른 봄이면 까치부부가 나뭇가지에 집을 짓는 모습을 보게 된다. 재해로부터 벗어나기 위해선지 가지가 많은 나무에 기초를 놓아 보금자리를 만든다. 까치집을 보면 하늘 높이 매달려 있어도 부서지지 않는 마천루 같아 보인다.

그들이 집을 지을 때는 가늘고 연한 나뭇가지를 물고 와서 차례로 쌓아올린다. 하나씩 물고 와 이리저리 짜 맞춰 나간다. 설계도가 없어도 눈짐작으로 얼기설기 엮어 올리는 솜씨는 능숙한 건축가 못지않다. 이런 작업과정에서 서로를 위로하며 부리로 목덜미를 살짝 쪼아대는 금실琴瑟까지 보인다.

까치집은 지붕이나 벽은 바람이 제멋대로 지나가도록 얼개를 짜 맞춘다. 그렇다고 뱀이나 다람쥐 같은 침입자들이 드나들 만큼

허술하지는 않다. 저러고서 어찌 집이 될 수 있을까 걱정스러워 보여도 튼튼하기가 여느 벽돌집보다 낫다고 한다. 이 집은 아무리 무서운 태풍과 폭우와 폭설에도 부서지지 않는다. 바람의 저항을 줄이고 나무와 함께 흔들리게 하는 과학적인 축조라서 그렇단다. 한 해를 살 집이라 해도 새끼를 낳아 기르는 보금자리를 쉽게 허물어지게 지을 수는 없을 것이다.

까치는 기상을 관측하는 능력이 인간을 뛰어넘는다. 집을 짓는 자리를 보면 한 해의 기상을 예견하는 판단력을 알 수 있다. 태풍이 오지 않을 해는 나무 상단에 자리를 잡는다. 높은 곳에 집을 짓는 일은 탁 트인 시야를 확보할 수 있어 좋다. 더구나 먹이를 쉽게 찾고 다른 짐승들의 공격에 대비할 수 있어 더 그러리라. 이는 하늘 높이 오르려는 인간의 욕망과는 다르게 환경을 이용하는 수준 높은 지혜라 할 것이다.

그런 반면에 행여 큰 바람이 불 것이 예상되는 해는 나무 아래쪽 안전한 위치에 집을 짓는다. 이런 판단은 여러 가지 장해를 예상하고서 더 큰 피해를 막아야겠다는 심산이라 할 수 있다. 자연의 엄한 징벌을 피할 수 있는 까치의 예측력, 그것은 인간을 초월한다는 사실을 우리는 배워야 할 일이다.

까치집을 보면 나무 향과 흙냄새가 풍기는 초가가 생각난다. 그리고 어릴 적 기억과 함께 아버지께서 집을 짓던 모습이 밑그림처

럼 그려진다. 아버지는 집을 지으면서 별도의 설계도를 만들지 않으셨다. 집의 크기에 따라 머릿속으로 도면을 그리고 그것을 바탕으로 나무를 자르고 기둥을 세웠다. 그런 다음 대보와 중보를 짜 맞추고 그 위에 상량을 얹어 서까래를 걸치면 기본적인 집의 형태가 만들어졌다. 까치가 집을 짓는 방식과 거의 유사한 셈이다.

까치에게는 그들 집이 궁궐일지 몰라도 인간의 눈에는 하찮은 나뭇가지를 얽어서 만든 둥지에 불과하다. 하지만, 과학적이고 안전을 우선으로 하는 점에서는 사람보다 한 수 위에 있음을 엿볼 수 있다. 거기다가 욕심내지 않고 손쉽게 집을 마련하는 방법까지 은근히 가르치는 것 같기도 하다.

그저 사는데 불편함이 없으면 그것으로 만족스러워 하는 까치. 그런데 인간은 과연 그러한가.

사람들은 대부분 집은 지을 때부터 복 받고 무병장수하려는 심산으로 지관地官까지 동원하여 명당을 고르고 길일吉日을 택한다. 이런 일은 액厄으로부터 벗어나려는 인간 욕구의 한 단면이 아니던가. 더러는 그것도 모자라서 대궐 같은 집을 지어 위세를 뽐내고 떵떵거리며 사는 사람도 없지 않다. 더구나 만물의 영장임을 앞세워 자연을 훼손하는 일을 서슴지 않는 모습은 흔히 볼 수 있는 일이다.

그러나 이런 일은 일시적 허세에 불과함을 모르고 하는 짓이 아닐까. 그런 사람에게는 그냥 가만히 두지 않음을 목격한 바가 여러 번 있어서다. 아무리 좋은 집도 태풍이나 폭우를 만나면 넘어지고 부서진다. 밀려 내려오는 산사태에 그저 바람 앞의 등불처럼 흔적 없이 무너지고 말던 으리으리한 집들. 해마다 집이 부서지고 사람이 죽고 다치는 모습을 보면, 초능력이 아니라 제 욕심만을 채우려는 인간의 교만을 질타하는 자연의 호통이라 여겨진다. 좋은 주택은 '몸에 맞는 옷처럼 적당한 크기로써 편안하고 안전하게 보호해 줄 수 있으면 된다' 는 진리를 거역한 짓이라 싶어 씁쓸한 마음이 오래도록 남는다.

이럴 때 까치가 짖어대는 소리가 예사로 들리지 않는다. 그 소리는 너희들이 암만 멋을 부리고 치장해도 자기네 집만큼은 안전하지 못하다고 힐난하는 소리 같아서다.

까치가 집을 짓는 모습을 보면 부러움이 앞선다. 바람과 비와 눈의 통로를 만들어 피해를 예방하는 재주가 뛰어나기 때문이다. 까치를 생각하면 재난의 덫에 걸려 허둥대는 인간의 무지와 대비되는 현상까지 연상되는 것은 왜일까? 더구나 까치에게 인간의 지능이 뛰어나다고 주장할 일은 아니라 싶어지는 일까지…….

집 밖에서 짖어대는 까치 소리가 요란하다. 인간에게 가르치는 훈수로 들린다.

누군가가 불꽃 한 송이를 들고 내게 다가오는 꿈을 꾼 적이 있다.
그 의미를 해석하려고 휘돌렸던 기억이 자주 꿈틀거린다.
어쩌면 우리 사회를 향해 작은 불꽃이라도 지피라는 예언이리라 싶다

모닥불

추운 겨울이면 시장 골목 장사꾼들이 불을 피워놓고 차가운 손을 녹이며 입을 닫지 않는 모습이 정겹다. 공사 현장에도 나무 부스러기로 불을 지피며 몸을 녹이는 인부들의 옹골진 얼굴이 보인다. 그런가 하면, 첫차를 기다리는 시골 정류장에서 봉화처럼 피어오르며 새벽을 열기도 한다.

많은 세월이 흘러도 잊히지 않는 추억은 모닥불처럼 모락모락 피어오른다.

작은 불씨를 지펴놓고 나무토막을 얹으면 금세 활활 타오르는 활화산이 되던 모닥불. 그 속에는 고구마가 묻히고 잘 익힌 것을 서로 권하며 먹었던 다정한 시간이 녹아 있다. 얼굴에 수염을 그려도 마냥 즐겁던 모습은 세월 속에 묻혀 있어도 늘 가슴을 뜨겁게 달구곤 한다.

또한, 별이 소곤대는 시간이면 또래들이 쌀과 김치를 마련하여 모닥불을 피우며 군밥을 해 먹었던 시절도 너무 그립다. 그때의 맛은 아직도 입안에 남아 오랜 시간을 되돌려 놓는다.

은은한 불꽃처럼 피어오르는 가슴속에는 언제나 찐한 우정도 함께 머물러 있다. 친구와는 고사리 손에서부터 모닥불로 장난을 일삼았던 기억이며, 만추에 이르도록 서로를 감싸던 인연은 끈질기기만 하다. 그 작은 증표는 누가 먼저랄 것 없이 울타리 너머로 넘나드는 정감 어린 별미거리가 아니던가.

석양을 넘어서면 지상의 별처럼 들녘의 어둠을 덜어내고 농심을 데우는 작은 용광로로 기억되던 모닥불. 명멸하듯 밤을 밝히던 그 빛은 우리 삶의 편린으로 잊혀가는 얘기를 되새김질하는 화톳불이다.

어디 그것뿐인가. 강물처럼 이어지는 대화로 밤을 새우며 타올랐던 모닥불은 누가 먼저랄 것 없이 셋만 모이면 지폈던 어릴 적 추억도 묻혀 있다. 작은 나뭇가지 하나만 집어놓으면 이야기꽃과 함께 활활 타오르지 않았던가. 그 속에 간간이 보태지는 사랑 이야기는 더 뜨거운 불쏘시개가 되었던 것이다.

모닥불을 보면 정감이 흐르고 끈질긴 생명력이 비춰진다. 빨갛게 타오르는 불꽃은 이 세상을 뜨겁게 달구는 힘이 있다. 언제든 자신을 태우며 누구에게나 따스한 사랑을 헌상獻上하는 천사같이 훈훈한 정이 넘쳐나고, 주위를 밝게 비추며 인도하는 개척자 같아 보인다. 이처럼 기나긴 세월 식지 않고 타오르는 온정溫情은 우리 민족의 기백이지 싶다.

나는 가끔 모닥불의 혼을 여미면서 지나온 발길을 되돌아본다.

내 생을 지탱하며 무심코 지나간 시간들, 가슴속 깊이 오래토록 묻혀 있었던 모닥불의 진실을 들추어내려니 떨리기만 한다. 그동안 잊은 채 작은 꿈으로 오래 접어놓았을 뿐, 현실에 접목하지 못했던 어리석음을 지금도 털어내지 못하고 있다.

내가 '모닥불' 이라는 별명을 지은 것은 어렸을 때였다. 이웃에 따스함을 주고 어둠을 밝히는데 쓰일 것이란 단순한 믿음이 생겨서 그랬다. 비록 작은 불씨라도 우리 사회의 등불이 되어야겠다는 의미를 깊이 새긴 다짐의 이름이었다.

그런 이름을 지어놓고 고희가 될 때까지 묻어둔 채 새김질하고 있는 지금, 기껏해야 몇몇 문학카페나 편지에서 별명으로 쓴 것이 전부인 듯하다. 바빴다는 핑계는 내 스스로 거짓임을 숨길 수 없고, 여유롭지 못했던 환경이라는 변명으로도 그냥 덮어버릴 수 없는 일이다. 때늦은 자책으로 믿음을 회복할 수 없는 것은 자명하다. 나는 오랜 세월 그저 안달뱅이였을까? 그때의 신념을 저버리고 살았던 긴 시간들이 너무나 아쉽기만 하니 말이다.

이제 와서 회고해도 그때의 순수한 의미를 살리지 못한데 대해 별다른 대안이 없다. 나이가 들어가니 용기마저 스러져 버린다 싶으니 더욱 마음이 오그라든다. 더구나 언제 어떻게 할 것인가 머뭇거리다 말 것이라 싶으니 더 조급해 질 수밖에 없다. 하지만, 나이와 용기는 반비례하는 것이 아닐 터. 용기는 자발적 행동에서 그 의미를 찾을 수 있으니 다시 작은 불씨라도 지펴 보면 되지 않을까. 뜨겁지 않은 미열微熱이라도 옮길 수 있으면 되리라 싶은 것을…….

누군가가 불꽃 한 송이를 들고 내게 다가오는 꿈을 꾼 적이 있다. 그 의미를 해석하려고 휘돌렸던 기억이 자주 꿈틀거린다. 어쩌면 우리 사회를 향해 작은 불꽃이라도 지피라는 예언이리라 싶다.

내 곁을 떠나간 세월들을 되돌아보며 거기에 매달려 있을 수는 없다. '늦었다고 할 때가 빠르다' 는 말이 생각난다.

작은 불씨 하나라도 지피며 살아가려던 꿈을 펼쳐야 할 것 같다.

붉은 T셔츠

온 천지가 붉은 물결로 출렁거린다. 신록이 산야를 뒤덮는 때라서 그런지 유난히 붉은색이 돋보인다. 이맘때만 되면 12년 전의 기억이 금세 떠오른다. 그도 그럴 것이 TV화면으로나 신문에 온통 월드컵대회 이야기뿐이니 말이다.

지나간 이야기지만 12년 전 그때의 감격은 온몸에 전율을 일으키게 하는데 충분했다. 국민 모두 하나 되어 얼싸안고 흥분하지 않고는 배길 수 없었던 감동의 파노라마, 태극전사들이 땀 흘려 일궈낸 세계 4강의 결실은 마치 한반도를 지구 밖으로 떠밀듯 하지 않았던가. 그 우렁찬 목소리 '대~한민국' 은 하늘을 뚫고 우주공간으로 메아리치게 했으니 말이다.

너나없이 누가 시켜서도 아니었다. 붉은 T셔츠는 애국심을 드

요즘 TV 화면에 비치는 붉은 물결은 나라 안에서만 볼 수 있는 것이 아니다. 세계 어느 곳에서나 태극전사가 뛰는 곳이면 스탠드에서 거리에서 붉은 물결로 가득 찼으니 그것은 곧 커다란 힘을 뭉치게 하는 조국 사랑의 원천이라 할 수 있다.

높이는 힘의 원천이었다. 그것은 희망이요, 열정이요, 단합과 성취의 밑거름이었던 것이다.

요즘 TV 화면에 비치는 붉은 물결은 나라 안에서만 볼 수 있는 것이 아니다. 세계 어느 곳에서나 태극전사가 뛰는 곳이면 스탠드에서 거리에서 붉은 물결로 가득 찼으니 그것은 곧 커다란 힘을 뭉치게 하는 조국 사랑의 원천이라 할 수 있다.

붉은색에 대해서는 어릴 적 마음에 깊이 가두어 두었던 감정 탓으로 오래도록 지워지지 않았었다. 유년을 갓 넘어섰던 때였으리라.

6·25전쟁이 온 나라를 죽음의 도가니로 몰아넣었던 때, 북에서 내려온 빨갱이와 내 땅에 살던 적색분자로 말미암아 짓밟혔던 동심이 붉은색을 보면 질색을 하게 하였던 것이다. 그 뒤로 내가 그리는 그림에는 붉은색이 없었다. 옷이며 신이며 안팎으로 치장하는 것에서 찾아볼 수 없었던 일은 50년도 넘은 것 같다.

이처럼 악의 화신이 되어 오래도록 닫혀 있었으니 어찌 쉽게 마음이 열리겠는가.

그러나 고집스럽게 버텨 온 감정도 세월 따라 세상 따라 해동의 기미가 보이기 시작한 것은 붉은 꽃잎 때문이었다.

S읍의 책임자로 근무하던 때였다. 꽃길을 만들어 오가는 사람

의 눈길을 즐겁게 해야겠다는 욕망이 붉은 T셔츠만큼이나 타올랐을까. 봄부터 가을까지 꽃으로 단장된 관광도로를 만들어 나가면서 가까워진 꽃잎이 붉은색이었다.

잡초 사이로 쏘옥 내미는 꽃잎은 푸른 바탕에 붉은색이 더 돋보였다. 봄기운이 다가와 대지를 적시면 앞다투어 피어나는 생기 있는 꽃잎들, 그중에서도 붉은 꽃잎이 백미로 우뚝했다. 싱그러움도 그렇지만 정열적인 아름다움이 생기를 돋우는데 더 이상 다른 것이 없다고 단정해 버린 붉은 꽃. 그러다보니 붉은색에 가까이 다가서게 되었고, 그 장점까지 찾게 되었던 것이다.

붉음은 아기의 상기된 얼굴처럼 싱그럽고 해맑고 아름답기 때문인지 모른다. 아마도 이 세상 무엇과도 견줄 수 없는 신선함의 극치라서 그럴까? 붉다는 것은 혈기왕성한 젊음의 상징이듯이, 이른 봄 피어나는 새순에서 느끼는 싱그러움과 다르지 않다. 동녘 하늘을 가르며 솟아오르는 태양처럼 새로 태어나는 생명과도 같아 보인다.

더구나 붉은색은 강렬한 햇살이고 만물을 따스하게 감싸주는 것이다. 잘살거나 못살거나 미우나 고우나 골고루 베푸는 정의 징표이고, 사랑의 징표이며, 넉넉하고 후덕한 인정이다. 심장을 뛰게 하는 정열이고 언제나 타오르는 불길 같은 열정이고 조국을 사랑하는 애국심이라 하겠다.

붉은 피는 젊음이며 나라를 위해 흘린 값진 결정체로서, 국가의 위기 때마다 치러낸 대가는 오늘의 영광을 일궈낸 원동력이 아니던가.

며칠 뒤에 월드컵대회가 열린다. 유독 붉은 T셔츠가 지구를 뜨겁게 달구리라는 매스컴의 보도가 돋보인다. 결전의 날에는 붉은 악마의 함성이 하늘을 뒤덮을 것이며 펄펄 나는 태극전사의 모습이 화면 가득할 것이다.

가슴 설레도록 기다려지는 그날, 작은 애국심이라도 불태우고 싶다.

빗

출근을 서두르며 옷을 입는데 빗이 방바닥에 떨어졌다. 얼른 주어서 양복 윗도리 안쪽에 꽂았다.

빗이 내 옷의 장식물이 되어 매달려 다니기는 40년도 훨씬 넘었을 성싶다. 그동안 몇 번인가 거처를 옮기거나 나가버린 일도 있어 그때마다 새로운 것으로 바꿔놓기도 했다. 그래도 빗은 제일 소중한 장식물로 자리하게 되었다. 어쩌다 옷을 바꿔 입다가 옮겨 꽂는 일을 잊어버리고 나서는 날에는 마음이 초조해 진다.

내 머리카락은 양털로 뭉쳐놓은 것 같지는 않다. 머리숱이 적고 가늘어서, 머리를 씻은 후 그냥 말리면 저절로 군데군데 물결모양이 생기는 배추머리가 된다.

머리를 기르면서부터 헝클어진 머리카락으로 인해 단정치 못한 사람으로 오인받을 것 같은 마음이 나를 사로잡았던 것이다. 그래서 제일 먼저 사들인 것이 빗이고, 다음이 머리를 말리고 펴는데 쓰이는 드라이기이다.

나의 일과 중에는 아침마다 출근 전에 머리 펴고 빗질하는 일도 들어있다. 머리카락 때문에 날씨의 상태를 알게 되는 것은 그리 어렵지 않다. 습도가 높은 날에는 아침에 빗질을 해도 소용이 없다. 금세 자연 상태로 되돌아 가버리니 어쩌겠는가. 그래서 빗은 하루에도 수없이 내 손과 악수를 하게 된 것이다.

봄이 되면 더욱 걱정을 안게 하였고, 가을이 되어야 다소 진정되었으니, 이런 날들의 연속은 하루 걸러 머리 감는 일이 생활 철칙으로 이어져오고 있다. 그것은 하루라도 머리 펴고 빗질하는 시간을 덜어보자는 마음에서였다. 나의 이런 괴로움은 며칠씩 집을 떠나게 되면 더 신경을 써야 하는 고민 중의 하나이기도 하다.

머리카락 때문에 낭패를 당하는 경우가 더러 있었지만, 제승당에 근무할 때의 일은 잊히지 않는다.

그때는 장발이 한창 유행하였다. 나도 그 유행을 비켜갈 수는 없었다. 손님들이 많이 방문하는 봄 · 여름철이면 하루에 서너 번씩 드라이기로 머리를 펴며 빗질을 해도 소용이 없었다. 나를 보는 사람마다 곱지 않은 시선을 보낼 것이라는 자괴감으로 마음을 놓지 못했던 일이 한두 번이 아니었다.

나는 빗으로 머리손질을 할 때마다 TV에서 화장품 선전하는 장면을 연상한다. 그리고는 나도 저처럼 질 좋은 머리카락을 내 머리에 심을 수는 없을까? 하고 고민해 본 적이 여러 번이다. 내가 이러한데 내 머리카락을 닮은 아들의 심정은 어떠하겠는가. 빗대신 손으로 연신 머리카락을 다듬는 모습을 볼 때마다 물려준 죄책감이 생긴다. 아들도 다시 제 자식에게 곱슬머리를 물려줄 것이라 생각하면 마음마저 씁쓰레하다.

몇 해 전의 일이었다.

아내가 곱슬머리 펴는 약품을 사왔다. 얼른 머리카락을 펴보자고 했더니 아내는 급히 서두르면 안 된다며 핀잔을 주었다. 그러나 그것이 배추머리로 고생하는 나를 이해해 주는 사랑의 아리아처럼 들렸던 기억을 잊을 수 없다. 약품의 효과는 금방 나타났다. 나는 그날 이후로 머리 감는 일도 훨씬 자연스러워졌다.

요즘은 미장원마다 곱슬머리 확 펴 준다는 선전문이 쓰여 있는 것을 볼 수 있다. 나를 위해 새로운 약품과 기술이 개발되었는가 싶기도 하다. 미장원 앞을 지날 때마다 무거운 마음의 문을 열고 들어가 봤으면 하고 망설였던 때가 한두 번이 아니다. 그러면 빗을 가지고 다니지 않아도 되지 않을까 생각하면서…….

빗은 헝클어진 내 얼굴을 다듬게 하고, 지내온 삶을 되돌아보는 혜안을 가지게 한다. 빗은 검은 머리 흰머리를 가르며 바르고 그름을 가르쳐주고, 자신의 존재보다는 남의 소중함을 깨우쳐준다.

빗은 크지 않고 비싸지 않은 물건이다. 그러나 각 가정의 화장대를 지키면서 사람들에게 없어서는 안 될 존재로 자리매김하고 있다. 우리 사회에도 구석진 곳에서 살지만 남을 위해 작은 등불이 되고 있는 사람이 많다. 그런 사람이 진정 빗처럼 쓸모 있는 사람이 아니겠는가.

하잘것없는 빗이라 할지 모르지만, 나에게는 절실한 물건이듯이, 나도 빗처럼 살다 가는 인생이면 좋겠다.

그림자

아침 햇살이 기다랗게 그림자를 만든다. 내 키의 몇 배는 될 듯하다. 새 아침 희망에 부푼 마음이라도 그려놓으려는 걸까. 아니면 내 나이에 견주고 싶어서인지 모르겠다.

어느덧 나이가 이처럼 높게 쌓인 줄도 모르고 살아온 지난 세월이 모두 그림자가 되었나 싶어 사뿐히 밟아본다. 그러자 내 삶의 시간들이 달아나듯 자꾸만 앞으로 달아난다. 나를 떠나가려는 시간들이라 싶어 돌아서 본다. 그 틈에 흘러간 시간들이 사뭇 그리움으로 다가오며 실타래처럼 풀린다.

내가 살아온 세월은 제법 기다랗다. 일흔 해를 넘게 세상을 살았으니 그 속에 묻혀버린 기억들이 그림자가 되었을까.

어려서는 내가 어떤 그림자를 남기는 사람이 될까 하고 꿈을 그

려보기도 했다. 제법 큰 꿈을 꾸고 거기에 매진하리라는 각오도 세웠다. 그러나 그 꿈은 그렇게 오래가지 못했다. 나이가 드니 꿈은 손가락 사이 물처럼 빠져나가기 시작했다. 처음에는 하늘만큼이었다가 어느새 작은 나무처럼 보잘것없이 되고 말았다. 그때부터 나는 낭인이 되어 아주 작은 꿈을 보듬고 지금껏 살고 있다.

가끔 그림자를 보면서 그 속에 지난 삶의 내 모습이 어떻게 각인되어 있을까 하고 더듬어 본다. 바르게 걸었을 것이라고 기대하지는 않는다. 그리고 그런 일들은 샛별처럼 또렷하지도 않다. '그저 평범하게 사는 게 좋은 것' 이라는 액면 그대로를 머리에 담고 살아온 듯하다. 그러면서 때때로 길지 않은 시간 속을 헤매며 혹여 못난 짐승의 탈을 쓴 일들은 없었을까 되뇌어 볼 때도 있다.

내겐 기나긴 세월 수많은 기억 속에 내세울 만한 그림자는 없어도 철없던 시절 자성自醒하지 못했던 기억 하나 아직도 마음에 걸려 있다.

어릴 적 아버지의 말씀이 귀를 때려도 예사로 들어 넘겼다. '너는 커서 어떤 사람이 될 거냐?' 는 말씀이었다. 이 세상에 태어나 어떤 그림자를 남기려 하느냐는 물음이었고, 자식에게 당신의 포부를 심어주려 함이었다. 그때는 아버지의 닦달을 들은 척하지 않았었다. 질책보다는 꿈을 심어주기 위해 하신 말씀이라 싶어도 제대로 들리지 않았다. 이러니 내가 어찌 사람다운 사람이 될 수 있었겠는가. 그런 연유로 인해 내 아이들에게는 훗날의 꿈을 묻지 않았던 생각이 희미하게 다가온다. 까마득한 시간 저편의 이야기지만 그래도 기억 속에 머물고 있으니 내게 따라다닐 수밖에 없는가 보다. 아버지의 간절한 소망을 저버린 불효를 씻기엔 너무 많은 세월이 흘러버린 지금, 회한의 아픔이 온몸을 찔러도 한갓 허공으로 날려버린 꿈으로 남아 있을 뿐이다.

빛이 있으면 무엇이든 나타나는 그림자는 명明과 암暗의 원리로 세상에 드러난다. 그것은 언제나 빛이 전제되어야 하지만 세기에 따라 유난히 돋보이곤 한다. 그런 현상은 족적足跡이 큰 사람일수록 그림자 또한 짙게 나타나는 이치와 다르지 않음을 알 수 있다.

그림자에 대하여 남겨놓은 수많은 현인들의 이야기는 너무 많다. 그중 가장 보편적인 화두라면 '이 세상에 태어나서 어떤 모습으로 살다 갈 것인가' 라는 말일 성싶다. 어느 누구 할 것 없이 자기가 추구하는 일에 온 열정을 쏟으며 이루어놓은 흔적은 좋은 그림자로 남아 있게 마련이다. 우선 4대성인들의 말씀 하나하나가 후세를 사는 우리들에게 귀감이 되고, 또렷한 그림자로 찐하게 남아 있듯이 말이다.

영국의 작가 대커리는 '인생에 있어서 훌륭했던 사람들의 발자

취를 살피고 배우라' 고 했다. 사람에 따라서는 현자賢者의 그림자를 쫓아다니다가 일생을 마쳤다는 이야기는 헤아리기 어려울 정도다. 그들은 그런 길을 밟아가는 동안 얼마나 깊은 내공을 쌓았을까 짐작이 되지 않는다.

나는 햇살에 비친 그림자를 따라가다가 스러져 가는 내 모습을 보았다. 나이 탓이고 자연의 이치려니 싶어도 지난일들 모두 그림자 하나 만들지 못한 자괴감으로 비춰지는 현상 같다. 누군들 작은 별이 되어 하늘에 떠 있으면 하고 바라지 않는 사람이 있을까. 지금이라도 크지 않은 족적 하나 만들면 좋으리라 싶을 뿐이다.

그림자를 남기는 일이 나이와 무슨 상관이 있겠는가. 늦었다 싶어도 남은 날들이 기다리고 있으니 낙심할 일은 아닌 듯하다.

오늘도 많은 사람들이 그림자를 남기기 위해 애쓰고 있음을 본다. 훗날 역사가 그들에게 무엇을 남겨놓고 떠났느냐고 물으리라 싶어 준비하는 듯하다.

나는 내 그림자를 닮으라고 누구에게 말할 수 있을까?

사진첩

책장 속에 깊숙이 숨어 지내는 사진첩을 꺼냈다. 첫 장을 넘기자 빛바랜 얼굴이 다가왔다. 환하게 웃는 모습이 세상을 다 가진 듯해 보인다.

이런 사진이 있는 줄 모르고 살아온 시간은 반백 년도 넘은 것 같다. 무심했던 시간도 잠시, 아버지의 젊은 시절을 되돌린다. 사진기가 흔하지 않았던 때라서 무슨 기념일 사진인지 모르겠다. 그래도 훗날 자식들이 보면 좋으리라 싶어 남긴 것이 아닐까.

모처럼 사진첩을 들여다보게 되면 사진 아래 글귀라도 적혀 있는 것은 기억을 더듬을 수 있다. 그렇지 않은 것은 이리저리 헤매다 말고 덮어버린다.

대부분의 사진들은 기분 좋은 시간을 대변하고 있다. 그중에서

3 · 4대가 한집에서 다정하게 살 때의 기념사진이 더 그렇다. 그 사진은 돈이 든다며 몇 장만 인화하여 아들에게만 주었던 가부장 세대의 잔영이다. 서운함을 속으로 삭이며 돌아섰을 딸들의 마음까지 헤아리지 못했나 보다.

어느덧 한참을 지나온 많은 시간들을 건져 올리다 보니 웃지 못하는 일들이 사진첩 구석구석에 자리 잡고 있다. 쌀알에 섞인 보리알처럼 까까머리 초등학교 졸업사진을 시작으로 군대생활 사진들이다.

이들 사진은 어렸던 시절의 추억을 생생하게 한다. 마치 시간 저편에서 먼 훗날의 나를 예지豫知하듯 말이다. 지금은 어릴 적 꿈을 작게나마 이루었다고 해도 될 것 같은 마음으로 되돌아보고 있다.

그때는 하늘이 높으면 얼마나 높으랴 싶어 내가 오를 수 있는 자리는 어디쯤일까 미리 더듬어 보기도 했다. 그런 포부가 나이를 먹으면서 자꾸만 낮아지던 지난 시간의 기억은 묻혀 버린 지 오래다.

시간은 어느 누구도 붙잡아 둘 수 없다는 말이 가슴 안으로 파고든다. 시간은 그때그때 잡아두어야 하는데 그러지 못한 회한으로 쌓아놓고 있을 뿐이지 않은가.

이런 사진첩은 누구나 다 가지고 있을 것이다. 그리고 틈나는 대로 들여다보면서 흘러간 과거를 되돌리려 할지 모른다. 그보다는 희로애락의 상징으로 삶을 인도하는 지침서가 될 수 있지 않을까 싶기도 하다.

그런데 디지털 카메라가 만들어진 후로 사진첩은 서서히 자취를 감추고 있다. 무엇이든 카메라로 촬영하였다가 컴퓨터에 옮겨 저장하면 언제든지 들여다볼 수 있으니 그럴 것 같다. 지금은 그보다 한 단계 더 발전한 스마트폰으로 찍어 그대로 저장하는 세상이니 사진첩은 머릿속에서 지워지고 있으리라 싶다.

세상이 바뀌는 것은 비단 사진첩뿐만이 아닐 것이란 생각이 앞선다. 날로 빠르게 발전하고 있는 과학문명의 한 단면이 이럴진대 급변하는 세상을 예견하기란 점점 어려워지지 않을까.

이런 반면에 뒤따르지 못하는 정신문화가 문제라고 지식인들은 말하고 있다. 더구나 칠순이 넘은 사람은 근대와 현대를 산 경험을 토대로 혼란 속에 묻혀 산다고 한다. 길지 않은 생애에도 농경사회에서 산업사회를 거쳐 정보화 사회에 이르기까지 시간이 흐를수록 급변하는데 놀라고 있다는 것이다.

지나온 시간들을 되돌려 보면 그럴 것 같다. 과학의 발달로 인하여 퇴화해 가는 정신력은 개인주의 · 이기주의를 확대시키고 전통의 예의범절이나 미풍양속이 사라질 것이라 예견하고 있으니 말이다. 사람이 살아가는 규범과 질서는 영원히 제자리를 지켜야 하는 일이라 싶은데도 세상은 나날이 이기적이고 자유분방해져 가고 있으니 문제랄 수밖에 더 있겠는가.

사진첩에서 얻을 수 있는 것은 흐뭇한 가족애와 사회의 규범인 듯싶다. 나 하나만이 아니고 많은 사람이 함께 즐기던 시간을 머물게 하고 그 속에서 사람의 도리를 지켜가는 기록들을 찾을 수 있기 때문이다. 진위를 가름하고 흐트러져 가는 세상을 바로 세울 수 있겠다는 작은 희망이 보여서 더욱 그렇다.

사진첩을 보니 인륜의 도를 그대로 이어갔으면 하는 마음이 다시 샘솟는다.

벽시계

벽에는 아직도 과거와 현재를 더듬는 시계가 걸려 있다. 그렇게 긴 역사를 간직하고 있진 않아도 한때는 가보급家寶級에 속할 만큼 귀한 존재였다.

그 시계의 째깍거리는 소리가 허공을 타고 들려올 때는 시시각각으로 울림이 달랐다. 한낮에는 별 의미 없는 소리에 불과했다. 하지만 어둠이 내려앉고 별이 빛난 뒤에는 심신을 눕히는 자장가가 되었다. 혹여 잠이라도 설치게 되면 사색하는 길로 인도하기도 했다.

그런데 언제부턴가 시계에서 소리가 들리지 않았다. 힘이 부친 전지電池가 원인인 듯싶어 새 것으로 바꿔보아도 소용이 없었다. 한동안 시간 지킴이 노릇을 다한 데 대한 아쉬움이 가득 밀려왔

시계의 째깍거리는 소리가 허공을 타고 들려올 때는 시시각각으로 울림이 달랐다. 한낮에는 별 의미 없는 소리에 불과했다. 하지만 어둠이 내려앉고 별이 빛난 뒤에는 심신을 눕히는 자장가가 되었다. 혹여 잠이라도 설치게 되면 사색하는 길로 인도하기도 했다.

다. 너에게도 수명이 있어 더 이상 움직이지 못하고 멈추었구나 싶었다. 그때 유행하는 노랫말이 떠올랐다.

'고장 난 벽시계는 멈추었는데, 저 세월은 고장도 없네.' 라는 애조 띤 가사였다. 우리 삶에 있어 거침없이 흘러가는 시간을 붙잡지 못하는 한스러운 탄식으로 들렸던 노랫말이다. 문득 그 한 구절을 웅얼거리다 보니 지난 세월 묻어두었던 가슴 시린 기억이 되살아났다.

내 어릴 적에는 시계 소리를 들을 수 없었다. 일어나면 아침인 줄 알았고 어두워지면 밤이라는 느낌으로 살았을 뿐, 여느 짐승들과 별반 다르지 않았다. 해와 달, 별을 보면서 그 움직임 따라 살았고 어림짐작으로 시간을 추정했다. 다람쥐 쳇바퀴 돌듯하던 삶들이 하루하루 이어지고 농경農耕만이 살길인 줄 알았던 시절. 그때는 무한한 시간을 가졌다는 어리석음을 지닐 때도 있었다.

그러던 어느 날, 아버지께서 장에 가서 벽시계를 사 오셨다. 너무나 좋고 신기해서 며칠 동안 들여다보고 추錘가 움직이는데 눈을 떼지 못했다. 틈새로 바늘 따라 눈을 돌려보는 재미도 쏠쏠했다. 그 시계에 매료되어 미소를 감추지 않았던 누나도 마찬가지였다.

그때는 바늘이 돌아가는 것에 별다른 의미를 느끼지 못했다. 세월이 한참 흘러서야 시계 소리가 내 생명을 거두어가는 소리임을 알게 되었다. 한 번 '째깍' 거릴 때마다 1초가 달아나고 만다는 사실을 터득하고 보니 그 소리가 멈췄으면 좋겠다는 생각이 솟구치기도 했다.

엉뚱한 생각으로까지 비약하게 된 데는 시계 소리가 들리지 않으면 내 생명도 정지하고 말 것인가? 라는 물음은 몇 번씩이나 이어졌다. 그런 생각은 끝내 해답을 찾지 못하고 말았지만, 제발 이대로 멈춰버렸으면 하고 바랐던 일도 한두 번이 아니었다.

요즘은 벽에 걸려 있는 시계를 보는 때가 많다. 초침을 보면 너무나 빠르게 돌아가고 있다 싶어 나도 모르게 푸념을 털어놓곤 한다. 째깍거림이 저승사자의 부름 같아 깜짝깜짝 놀라는 때도 있다. 왜 그렇게 자주 부르고 있을까 싶어 안달하기 일쑤다.

고희에 이르고 보니 시간개념이 다르다는 말이 예사로 들리지 않는다. 어느 석학은 '고속열차처럼 홱 지나가버리는 세월' 이라고 했고, '곶감 빼어먹듯 하는 여생' 이라고 하시던 어머니의 말씀까지 귀에서 떠나지 않고 있다. 매정스럽게 떠나가는 세월을 붙잡지 못하는 한을 토하는 소리가 아니었던가.

실크로드 한쪽을 여행하면서 1600년이나 된 미라를 보는 기회가 있었다. 세월이 흘러도 몸은 썩지 않은 채 본디대로 말없이 누워 있었다. 마치 삶이 정지된 상태로 영원히 생명을 유지하고 있는 듯 생생한 모습이었다. 흡사 고장 난 세월에서 빚어내는 퍼포

먼스 같았다. 이를 두고 멈춰 선 시간이라고 말할까라는 생각까지 들었다. 이후부터는 죽음에 대한 두려움에서 벗어날 수 있겠다는 마음이 생기기도 했다. 아마도 삶과 죽음이 구분되지 않는다는 내 스스로의 위안이었는지 모르겠다.

잠시 여생을 가늠해 보다가 마음 한쪽을 내려놓는 때가 더러 있다. 시곗바늘 따라 세월은 누구에게나 똑같이 흘러가고 있다는 사실과, 시간이 흐른다고 나 혼자 원통해 할 일은 아닌 것이라고 자위할 수 있기 때문이다.

흔히 기도를 통해 마음을 닦으면 영생할 수 있다는 말을 듣기도 한다. 육체는 없어져도 영혼은 불멸하다는 믿음에 바탕을 둔 말인 듯하다. 얼마나 깊은 신심信心이라야 그런 경지에 이를까 싶지만, 자의적恣意的이라도 그렇게 믿고 싶은 심정임을 어찌 부인하겠는가.

서산에 걸린 해를 보고 중천에 떠 있으면 얼마나 좋을까 하고 마음속으로 수없이 빌고 있다. 우매한 상념이라도 그 희망을 향한 의지는 식을 줄 모르니 미욱할 뿐이다.

오늘도 '저 세월은 고장도 없네' 하고 웅얼대다가 문득 생각을 돌려본다. 고장도 없이 흘러가는 세월의 순리를 무슨 방법으로 거역하랴. 그러니, 그렇게 미련한 어리석음일랑 내려놓을 일이다. 지금까지 누린 것 감사하고 베풀 수 있는 대로 베풀면서 마무리하는 황혼의 꽃다발이나 멋지게 꾸며볼 수밖에…….

숭조崇祖정신

여름 끝자락쯤에 다다르면 조상의 산소를 찾아가서 초목을 정리하고 한 해의 은덕을 기리며 성묘를 한다. 성묘는 숭조정신의 바탕이고 효를 숭상해 오던 우리 민족 전통의식 중 하나이다.

8월이 다 가기도 전에 벌초를 하게 되는 해는 불볕을 온몸으로 받아들이며 고행을 마다하지 않는다. 이날만큼은 경향 각지에 흩어져 살고 있는 친척들이 정든 고향에 모이는 날이다. 예전 집성촌을 이루며 살 때는 정보다는 의례적인 행사로 여겼을 법한 일이지만, 지금은 정을 모으는 날로 변하게 되었다.

"형님, 동생, 조카야"며 만나서 쏟아내는 웃음보따리가 골을 넘어 산등성이를 타고 메아리치는 일은 즐겁기 그지없다. 오랜만에 다 털어낸 자리에 깊숙이 채워 넣는 고향 소식은 신선함까지 안겨

준다.

금년에도 예외 없이 힘든 곳의 벌초는 나와 동생이 맡아서 했다. 해발 300미터 지점에 있는 증조부모님 산소까지 가는 길은 해마다 새로 뚫어야 한다. 그냥 오르는 것도 벅찬 데 예취기를 메고 비탈길을 오르며 일 년 동안 자란 초목을 자르는 일은 힘겨운 일이다. 평상시의 건강 한계치를 넘어서는 일이라서 온몸이 아프다. 연신 땀구멍에서 짠물이 쏟아져 나오고 탈진상태에 이를 즈음이면 목적지에 도착한다.

정상에 올라서면 이 세상에서 제일 우뚝하다는 자부심이 솟아난다. 올망졸망한 섬들이 바다 위를 수놓으며 무상의 세월을 안으로 삭이고 있는 모습이 수평선과 어울려 한 폭의 산수화가 된다.

그늘 밑에 앉아 숨을 고르며 묵상에 잠기면 자상하시던 아버지 목소리가 들려오는 듯하다. 해마다 이맘때쯤 이곳에서 작은 소망을 내려놓으시던 아버지의 말씀은 다정한 가르침이었다.

"큰 부자의 길지보다는 자손이 융성하리라던 곳에 안장했다는 할아버지의 안식처 덕분에 우리 모두가 있게 된 것이다."하시며 음덕을 기리라는 주문이었다. 부모는 자식의 밑거름이라 하듯 자식에게 내리는 애정 어린 충고로 효를 심어주려 함이었으리라.

옷을 흠뻑 적신 땀방울이 바람결에 마를 즈음에 열리는 회상들.

언제 보아도 숨이 탁 트이는 곳이라 이곳은 내가 있음이 각인되고 여기가 효의 산실이리라 싶다. 그러니 할아버지 산소는 조상을 숭배하고, 건강을 지키며 형제들이 모여 회포를 나누는 명당이라도 되는 듯하다.

어릴 적 산소는 소먹이 풀로 뜯겨 나가는 수난으로 벌초할 거리가 많지 않았다. 그러나 지금은 키 재기 하듯 초목이 생존경쟁을 하며 자라니 몇 배로 힘들어졌다.

그래서인지 산을 오르다 보면 몇 년째 돌보지 않은 채로 고적한 상념을 씹는 듯 누워 있는 산소들을 더러 볼 수 있다. 봉분이 무너져 붉은 속살을 드러내고 있는가 하면, 하늘을 찌를 듯이 자란 나무들이 버젓이 서 있기도 하다. 자손이 없어서 그럴까. 아니면 벌초하기가 힘들어서 미루다가 잃어버린 것인지도 모르겠다. 그래도 복을 받고 있는지 알 수 없지만 영혼이 구천에서 방황하지는 않을까 싶어지는 것은 나만의 기우이리라.

얼마 전 5년 동안 시묘侍墓살이 했다는 내외를 텔레비전에서 방영했다. 몇백 년 전의 세상으로 되돌아 간 느낌이었다. 어떻게 그 어려운 고난의 시간을 한결같은 마음으로 지냈는지 내 상식으로는 풀 수 없는 일이다. 그리고 기다림의 세월, 고통의 세월, 버팀의 세월을 보낸 부인은 얼마나 뼈를 깎는 아픔이었을까.

삶에 있어서 인간 도리의 근본이 효라 하였다. 인고의 세월을 이겨낸 이들 부부야말로 현대를 살고 있는 우리들의 사표師表로서 진정한 효자요, 효부가 아닌가.

조상을 잘 모시는 집안은 후손이 번성하고 남부럽지 않게 산다는 귀에 박힌 이야기가 새삼스럽게 들린다. 벌초가 효를 지키는 작은 실천 행위라면, 먼데서 찾을 것이 아니라 이런 행사라도 제대로 지켜나가는 것이 바람직한 일이라 싶어진다.

벌초는 내가 있게 된 근원을 찾고, 내가 익혔던 충효를 되새기게 하고, 내 뿌리가 그렇게 깊음을 알게 하는 연례행사이니 오래도록 이어가야 할 문화유산이라 하겠다. 이런 일은 고향을 찾아 내 건재함을 알리고, 오랫동안 묻어 두었던 정분을 나누며, 건강을 다지는 일이니 일석 삼조는 되지 않을까.

자연은 언제나 제대로 지키는 사람만이 혜택을 누릴 수 있다는 말처럼 오랜 전통의 정신문화를 지켜 나가는 일은 우리의 몫이라 싶은 것을 어쩌겠는가.

3할의 비움

속이 차지 않은 그릇에 부딪는 소리가 더 맑게 들린다.

밤이 깊어지는 시간, 빈 그릇이 부딪치는 소리를 들었다. 심금을 울리는 여운이었고, 고요 속에 흐르는 아련한 선율이었다. 이 소리는 비워서 안온安穩함을 안겨주는 울림으로 다가왔고, 정화수에 담긴 어머니의 맑은 기도 소리와도 같았다.

비어 있음은 채울 수 있는 여운이 있어서 좋다.

가끔 산에 올라 다 채워지지 않은 들녘을 보면 그곳에 꿈을 채울 수 있는 여유로움이 묻어온다. 거기에는 내 어릴 적 꿈도 고개를 든다.

내가 자라서 차지하고 싶었던 땅. 그 땅에서 거둔 하얀 쌀밥이 밥상 위에서 따스한 김을 올리는 것이 소원이었다. 그때는 "볼가

심만으로 살면 되었지" 하시던 선인들의 목소리도 함께 어울려 늘 이명증 환자로 살게 했다. 찌든 가난 속에서도 왜인倭人들에게 착취당해 허덕였던 뼈아픈 한恨. 그 한을 지고 살면서 무엇이든 채우고 싶었을 조 · 부님의 삶이 떠올라서 그런가 보다.

나도 그 한의 타래가 끊이지 않아 배고픔의 기억에서 벗어나지 못하고 언제나 가득 채움으로 일관해 왔었다. 밥만 보면 언제나 배를 잔뜩 채워야 직성이 풀렸다. 그로 인해 위장병이 생겼고 30년도 넘게 나를 괴롭혀 오고 있다. 그동안 수많은 약에 매달려 보았으나 고통은 씻어지지 않았다. 약의 내성 때문인지 아픔은 그대로였다. 병의 근원을 알기 위해 첨단기계로 내시경검사를 받기도 여러 차례. 그러나 확실한 원인이 밝혀지지 않아 쓸데없는 망상이 나를 조여 오기 시작했다.

오랜 고민 끝에 '3할의 비움' 을 실천하며 고쳐보려 하고 있다.

《상도商道》라는 소설을 읽었다. 그 소설에서 얻은 것은 거상巨商 '임상옥' 이 소중하게 간직했던 '계영배' 의 철학이었다. 그는 사이펀siphon*의 원리를 삶에 적용하여 부자로서 지켜야 할 자세를 지켰다. 술잔에 가득 채우면 모두 흘러가 버리지만, 7할만으로도 충족한 삶을 사는 철학을 계영배를 통해 가르치고 있었다.

또, 옛글에 '만초손 겸수익滿招損 謙受益' 이라는 말이 있다. '가득하면 손실을 부르고 겸손하면 이득을 얻는다'는 뜻으로 풀이한다. 임상옥의 계영배와 같은 의미를 우리에게 전하는 뜻 깊은 말이라 싶어 비움을 실천하여 위장병을 고치려 시작하게 되었다.

이처럼 좋은 가르침을 떠올리다가도 문득 수전노나 자린고비라는 구린내 난다는 사람이 머릿속을 헤집는 경우도 더러 있다. 오직, 채움만이 최선의 삶이라고 고집하는 사람, 비움의 미학을 모르고 거머쥘 줄만 아는 악덕화신 같은 사람도 없는 것은 아니다. 혹여 나도 공직생활 중에 욕심내어 배를 채우는데 몰입해서 그렇게 아팠을까 하는 자괴심이 나를 뒤돌아보게 한다.

뱃속을 가득 채우면 위산이 과다 분비되어 위벽을 손상시킨다는 가벼운 이치를 모르고 살았던 내가 얼마나 어리석었던가. 내 위장에 가득 채움은 부작용이 따르고 몸에 무익함을 알게 되니, 우리가 가지는 것 모두 영원한 소유물이 될 수 없는 허상에 불과하다는 말이 더욱 진지하게 들린다. 더구나 비우는 것을 실천하면 100조 개의 세포가 건강하게 작동할 수 있다는데 그러지 못하였으니 얼마나 바보스런 일인가.

자기 수중에 있는 재물을 소중히 여기지 않을 사람이 있을까마는 이를 선뜻 내놓는 비움의 향기는 고상하고 감동스럽기까지 하다. 게다가 남을 도우는 따스한 손길은 갈증을 풀어주는 샘물 같기도 하니 말이다.

비움을 실천하는 사람 중에 지하 셋방에 살면서 푼푼이 모은 돈을 더 어려운 사람을 돕겠다고 선뜻 내놓는 사람을 보면 가슴까지 촉촉이 젖어 옴을 느낄 수 있다. 그런가 하면, 세계 제일의 갑부인 '빌 게이츠' 가 자기 재산의 반 이상을 덜어내어 사회를 위해 환한 등불을 밝힌 이야기는 더욱 성스러운 일이다. 이들은 달의 가르침대로 가득차면 비울 줄 아는 삶의 지혜를 먼저 깨친 것 같아 부럽기만 하다.

돈이 많은 부자라고 해서 행복지수가 높은 것은 아니라고 한다. 채움에 연연하지 않고 모자람에 만족한다면 그것이 행복이 아닐까. '행복은 베푸는 만큼 커진다' 는 말에서 그 참뜻을 찾으면 좋을 듯싶다.

사랑은 아무리 많이 채워도 좋고, 자비는 아무리 욕심내도 좋으리라. 어려운 삶을 살면서도 사랑으로 풀어나가고, 자비로 도우며 사는 사람은 맑고 향기롭지 않던가. 비움은 채움을 위한 전제임을 터득하고 있는 사람은 더욱 그럴 것 같다.

비어 있는 그릇은 언제나 채울 수 있는 희망을 가지고 있다. 그것은 욕심내지 않음을 가르치는 일이며, 마음 편히 행복을 담을 수 있음이리라. 그리고 맑고 고운 울림을 뿜어낼 수 있고, 그 울림으로 만 사람을 깨울 수 있음은 에밀레종의 교화敎化에서 배워야 할 것이다.

3할을 비우니 백약百藥도 못 고친 내 뱃속이 편해지고 괴롭히던 망상도 구름 걷히듯 한다. 사는 동안 비우며 살라는 내 운명인가 보다.

*사이펀 : 액체를 그 액면의 높이보다 높은 곳에 일단 올린 뒤 낮은 곳으로 옮기는 데 쓰이는 굽은 유리관.

두 번 째

마음 보시

걸음을 걷는 일을 두고 의성醫聖 히포크라테스는
'인간에게 최고의 보약' 이라 말한 바 있다.
축적된 에너지를 소비하여 건강을 유지시키는 가장 좋은 약임을 강조하는 말인 듯싶다.

만보기萬步器

내 허리춤에는 언제나 만보기가 달려 있다.

만보기는 크기와 모양이 다양하고 멋스러움이 나날이 달라진다. 건강을 지키려고 애써 차고 다니는 사람이 늘어난다는 이야기도 더러 듣는다. 애호가인 나는 오래전부터 건강을 확인하는 바로미터로 쓰고 있다.

걸음을 걷는 일을 두고 의성醫聖 히포크라테스는 '인간에게 최고의 보약'이라 말한 바 있다. 축적된 에너지를 소비하여 건강을 유지시키는 가장 좋은 약임을 강조하는 말인 듯싶다.

걷는 일은 사람의 원초적 본능이라 특별한 기교를 필요로 하지 않는다. 그런데 우리 주변에 걷지 못하는 사람을 보면 너무나 측은해 보인다. 하지만, 걸을 수 있다는 것만으로도 얼마나 복된 일인지 모르고 넘기기 예사다. 나도 허리 디스크로 인해 걸음을 걸을 수 없었던 몇 달간의 기억을 더듬어 보면 얼마나 걷고 싶었던지 모른다.

만보萬步라는 말은 사람이 하루에 걸어야 하는 숫자라고 한다. 그런데 만 개를 세는 것은 쉬운 일이 아니다. 그 많은 숫자를 세려면 다른 생각을 비우고 거기에 몰두하지 않으면 안 된다. 그래서 만보기에 의해 대신 헤아리게 하는 것이다.

만보기를 보면 여러 가지 장점이 발견된다. 비싸지 않아도 제 할 일을 충실히 하니 그것으로 만족감을 얻는다. 번지레하지 않으며 고급품이 아니어도 실속이 있다. 크지 않아 보기 싫거나 성가신 존재는 더욱 아니다. 더구나 허리에 달라붙어 자신을 뽐내지 않으니 겸손함까지 보인다. 걸음을 뗄 때마다 게으름 피우지 않고 척척 셈해 주니 맡겨놓을 만한 충복忠僕이라 할 수 있다.

걷다가 슬며시 눈길을 보내면 아직도 모자란다며 더 걸으라는 암시를 준다. 그럴 때는 고맙다는 마음으로 걸음을 재촉한다. 가끔 건강지킴이 노릇을 제대로 한다고 쓰다듬어 주면 더 정감이 느껴진다.

만보기도 소임을 다하다가 날씨가 추워지면 셈을 멈출 때가 있다. 기온이 영하로 내려가는 날에는 작동을 제대로 하지 않는다. 게다가 배가 고프면 아무 일도 하지 않고 푹 쉬어버린다. 그때는 밥을 챙겨주어야 한다. 배가 부르면 활기를 되찾아 열심히 일하기 시작한다. 일을 시키려면 어떻든 많이 먹여야 하고, 정당한 보상이 뒤따라야 하는 원칙은 우리 삶과 다르지 않다.

이처럼 만보기는 내게 정이 듬뿍 들어 있지만, 실수로 인해 낭패를 보았던 일이 늘 그림자처럼 따라다니고 있다.

오래전 하천 둑을 걸을 때였다. 내가 너무나 아끼던 만보기를 혁대에서 떼어내다 하천에 빠뜨리고 말았다. 그것을 건지려고 애쓰다가 미끄러져 하천에 빠져 허둥댔었다. 결국 만보기는 건지지 못하고 옷만 젖는 낭패를 당했던 것이다. 그로 인해 며칠 동안 큰 보물을 잃은 듯 갈피를 잡지 못했던 기억이 아직도 생생하다.

만보기를 보면 작은 기기라고 업신여길 일은 아닌 것 같다. 작은 것이라도 이것을 만들기 위해 몇 번의 실패를 거듭했을까 싶은 의문이 늘 따라다녀서다. 작다고 예사로 보면 큰 코 다친다는 옛말을 새겨보면 그렇지 않은가.

그래도 작은 물건이 내게 긴히 쓰이고 맡은 바 제 소임을 다한다 싶으니 더없이 사랑스럽다. 더구나 내 할일을 대신해주고 있으니 고마운 마음이 절로 생긴다. 이런 일을 일러 보시布施라 하는가 보다. 말 없는 보시, 그것이 진정 남을 위하는 일이라 얼마나 숭고한가.

그저 조건 없이 남에게 베푸는 보시의 가치는 높게 매겨질 수밖에 없다. 보시는 닫혀 있는 마음으로는 행할 수 없으니 그럴 수밖에. 마음을 여는 일은 자신을 깊이 들여다보는 수행이 있어야 하고, 자기를 버릴 줄 알아야만 가능하다고 하지 않던가.

세상에는 남을 위해 보시하고 희생하는 사람들이 많다. 이런 사람은 육체적 · 금전적으로 도우거나, 마음으로 하는 일도 서슴지 않는다.

만보기는 나를 따라다니며 제 할 일을 다 하고 있다. 하루도 빠지지 않고 내게 보시를 하고 있다 싶으니 성실한 참 일꾼이라 싶어 더욱 정을 준다.

만보기를 보면서 깊은 심연에 빠져 본다. 나는 과연 누구를 위해 표 내지 않고 작은 보시라도 하고 있는가를…….

만보기가 나더러 '우선 하루에 만 보씩 걸은 후에 생각해 보라'는 눈짓을 하는 것 같다.

마음 보시

산속 조용한 곳에 있는 절을 가끔 찾아간다. 그럴 때마다 부처님은 근엄한 미소로 반긴다. 이날만은 속세에 찌든 심상心相들을 차분히 내려놓을 수 있는 시간이다.

법당에 앉아 가족의 평안을 비는 기도를 드리고, 한동안 헝클어져 있던 마음을 바로 세우는 데는 얼마간의 시간이 흐른다. 무거운 짐을 벗어버리고 무심 · 무욕으로 돌아가는 길이 쉽지 않아서 그런지 모를 일이다.

돌이켜 보면, 내가 살아온 여정旅程 속에는 시간을 쪼개어 바쁘게 살아보기도 했고, 시간이 모자라서 아등바등해 본 적도 있다. 그때는 내가 가는 길이 어딘지도 모르고 그저 희미한 등불 하나를 따라서 앞만 보고 달리는 마차처럼 바퀴를 굴렸던 것 같다.

문득 내게 주어진 일생을 되돌아보다가 남은 시간 어떤 길을 걸어야 할지 망설이며 주춤거릴 때가 있다. 시간은 잡거나 모을 수 없지만, 보람 있게 쓰면 후회하지 않는 삶이 될 것 같아 구상해 본 몇 가지 생각들이 머릿속에 머물기도 한다.

책을 읽으면서 진리를 터득하는 일, 글을 쓰면서 참과 아님을 분별하는 일, 텃밭에서 흙을 가까이하며 진실한 삶을 얻어내는 일, 산을 오르면서 마음을 비우는 일, 그리고 남을 위해 무슨 일이든지 앞서 행하는 보시 등은 가치 있는 삶이 되리라 싶은 것이다.

가끔 매스컴을 통해 선행사실을 알게 되면 가슴 한편으로 뭉클한 기운이 차오른다. 나는 저렇게 할 수 없을까? 하고 잠시 번뇌가 일기도 하지만, 물질적으로 안 되면 마음으로라도 하면 될 것이라 싶어 심란하던 마음을 가라앉히기 일쑤다. 다정한 말 한마디로 정을 나누고, 남이 아파할 때 위로하는 마음보시라도 해야지 싶은 마음으로 말이다.

재산을 잃고 바깥으로 내몰린 사람에게 위로의 한마디를 드리는 일, 남의 허물을 감싸주며 격려하는 말 한마디도 따뜻한 마음을 전하는 일이라 싶다. 더욱이 자기를 버리고 어려운 사람을 돕는 일은 인간의 진한 향기를 내뿜는 진정한 구도자라 할 것이다. 누구나 쉽게 할 수 있는 일은 아니지만 그런 세상이 살맛나는 세상이 아니겠는가.

문득 내게 주어진 일생을 되돌아보다가 남은 시간 어떤 길을 걸어야 할지 망설이며 주춤거릴 때가 있다. 시간은 잡거나 모을 수 없지만, 보람 있게 쓰면 후회하지 않는 삶이 될 것 같아 구상해 본 몇 가지 생각들이 머릿속에 머물기도 한다.

꽃이 자기를 예쁘다고 일러주면 더 방실거린다는 이야기를 들은 적이 있다. 생명이 있는 것은 배려와 무시를 가릴 줄 안다는 말과 다르지 않음이다. 흔히들 맹수에게도 마음 주기에 따라 친숙한 관계를 만들 수 있다고 하지 않던가. 그런가 하면, 미생물에게 음악을 들려주면 자람이 빠르고 좋은 맛을 낸다고 한다. 비록 말이나 행동으로 나타내지 못하더라도 내면의 감각기능을 통하여 보은으로 화답和答한다는 이런 말들은 새겨들을 일이다.

이럴진대 만물의 영장이라는 인간이 배려할 수 있는 일은 수없이 많으리라 싶을 뿐이다.

마음을 열면 드넓은 세상을 볼 수 있으나, 닫으면 자기밖에 보지 못한다는 말이 있다. 긍정적으로 살라는 주문이고 '남도 나처럼' 아우르며 살라는 의미라 여겨진다. 부처님의 염화미소를 보면 마음이 열려 있음을 알게 되듯이 이것도 보시구나 싶어 마음을 열게 된다.

그런데 지금의 세상은 하루가 다르게 속도전으로 승부를 가르는 때라고 걱정하는 이야기가 많다. 그럴 때는 느림의 미학을 배워야 할 것이란다. 정보화 사회가 되니 남은 보이지 않고 오로지 자기만이 있다는 이기주의 세상이 되고 있음에 대한 경계의 말처럼 들린다.

매스컴을 통해서 읽은 내용이다. 요즘 많은 책들이 쏟아져 나오고 있어도 독자가 그리 많지 않다는 기사는 무엇을 뜻하는 메시지일까. 책을 통해 정신문화를 배우고, 어우르며 사는 세상을 만들어야 하는 당위성의 역행에 대한 경고인지 모른다. 그리고 점차 옹졸해져 가고 있는 인간 본성을 제자리로 돌아오게 하자는 깨우침으로 들리기도 한다.

얼마 전 어느 스님이 쓴 책을 읽었다. 사람이 사람의 짓을 해야 사람임을 토설하는 말씀이 마음 안으로 들어왔다. 사람의 도리 중에 내가 할 수 있는 손쉬운 것은 무엇일까? 내 몫의 것을 스스로 하는 일, 채움보다 비우며 사는 일, 남의 마음을 기쁘게 하는 일, 남을 도우기 위해 가슴을 여는 일 등, 찾아보면 더러 있을 것 같다.

이런 일들은 서두르지 않고 하나라도 실행해야 보람을 얻는 일인데 아직도 주춤거리고 있으니 나는 아직도 중생을 벗어나지 못하는 있을 뿐이다.

성 마카리우스가 '이기적인 욕망을 제거하고 마음껏 주고 마음껏 사랑하라' 고 한 말은 마음 보시의 길을 제시한 것이리라 싶다.

내 주변에 어렵고 힘들게 살아가는 사람의 처지에서 무엇이 급한가를 한 번쯤 생각해 볼 때인 것 같다. 이제라도 부처님 말씀대로 무재칠시無財七施를 스스로 실천함이 좋을 듯싶어지니 말이다.

보시는 큰 것인가, 작은 것인가. 남을 위하는 일이라면 작은들 어떠랴 싶은 것을…….

차가운 손

따스한 손길이 부러울 때가 많다.

흔히들 반가운 사람을 만나면 손을 내밀어 악수를 한다. 그때 상대방의 정감이 어느 정도인지 가늠할 수 있다. 따뜻한 손은 상대방 체온이 전이돼 오는 느낌이 들어 내 마음을 흐뭇하게 한다. 더구나 차가운 날에 잡아보는 부드럽고 따스한 손은 온몸으로 퍼지듯 감미롭기까지 하다.

나는 손이 차다는 이야기를 듣는 때가 더러 있다. 기억을 더듬어 보면 손 때문에 낭패를 당한 일이 한두 번이 아니었다. 목욕시설이 없었던 시골에서는 손발 씻는 일이 어려웠다. 매일같이 무방비상태로 흙을 만졌으니 때를 감당하기 어려웠다. 더구나 날씨가 차지면 덕지덕지 끼인 손등의 때를 없애기는 불가능했다. 어쩌다

소죽(소 먹이 죽) 삶는 솥에 담가 때를 씻는 일이 고작이었다. 그 때는 학교의 용의검사가 제일 무서웠다. 교문 앞에서 주번들이 머리가 길거나, 손에 때가 많은 학생은 그 자리에 세워놓고 벌을 주었다. 때로는 조회시간에 선생님이 챙기는 경우도 있었다. 내게 손이 차고 때가 많다고 꾸짖을 때는 쥐구멍이라도 찾고 싶었던 기억이 선연하다.

내 손은 선천적인 저체온현상인지 몰라도 차가움을 느낄 때가 많다. 다른 사람의 손을 잡게 될 때 전달되는 온도차를 느껴 미안한 마음마저 생긴다. 그래서 차고 까칠한 손을 내밀기가 거북스러울 때가 더러 있다. 마치, 냉정함을 들키기라도 한 것처럼 얼굴이 화끈거려서다. 이럴 땐 잡았던 손을 서둘러 빼내기 바쁘다.

예전에 어른들로부터 '사람은 손이 따뜻해야 하는 기라' 는 말씀을 들었다. 그때는 무슨 뜻인지 쉽게 이해하지 못했다. 그러나 손에는 전신으로 통하는 맥이 흘러 사람의 작은 몸과 같다는 말을 들었을 때 손이 따뜻해야 전신의 피가 잘 돌아감을 알게 되었다. 그리고 따뜻한 손이 남에게 정감을 주고 배려할 줄 아는 속 깊은 의미가 있음을 터득할 수 있었다.

어떤 때는 아내로부터 인정머리 없다는 말까지 듣는다. 그럴 땐 손이 차가워서 그렇다며 싸잡아 말을 더한다. 조금만 관심을 가지면 원만히 해결할 수 있는 일도 무관심하기 일쑤라는 타이름이다.

태생이 그렇다고 얼버무리지만, 되돌아보면 타성인지 모를 일이다. 누구를 닮아서 그럴까 자성自省하다가도 오래 마음속에 담아두지 않는다.

어느 책에서 읽은 기억이 또렷하다. 집에서 키우는 꽃들에게 사랑을 얼마나 쏟느냐에 따라 자라는 속도가 달라지고, 아름답고 싱싱함을 엿볼 수 있다는 내용이었다. 그때는 무슨 일이든 정성을 다하리라 다짐했었다. 그러나 시간이 지나면서 마음이 느슨해지고 손길을 자주 주지 않는다. 핑계는 더러 있어도 손이 원래 차가워서 그렇다며 그냥 넘기기 일쑤다. 그러다가 꽃에게도 따스한 손길 한 번 제대로 주지 못하는 아둔함을 자책하곤 한다.

마음에서 멀어지면 손에서도 멀어진다는 말이 있다. 이를 뒷받침할 만한 글을 인터넷에서 찾아보았다. '손이 차가운 사람은 마음까지 차갑다' 는 의미로 받아들여야 할 것이라 싶다.

세상을 살아가면서 따스한 손길이 매스컴에 드러나는 일을 흔히 보게 된다. 어려운 환경에서도 이웃을 위해 주머니를 여는 일이나, 살신성인의 의사義死행위 등은 사회적 수범이 되는 일이다. 이럴 때 나는 마음으로부터 경외심이 솟아나고 잠시 마음이 흔들림을 느낀다. 아울러 그런 손은 얼마나 따뜻하고 아름다울까 궁금해지기까지 한다.

자라나는 아이들의 손을 보면 아름답고 사랑스럽다. 하지만, 남을 위해 베푸는 손은 더 아름다워 보인다. 그보다 더 감동스러운 일은 밖으로 드러나는 손보다는 드러나지 않은 따스한 손이라 여겨진다. 이런 일들을 통해 나는 지금껏 거머쥘 줄만 알고 놓을 줄을 몰랐던 손이 아니었을까 되돌아봐진다.

까칠하고 차가운 손을 아름답게 하는 길은 많을 듯싶다. 체질적으로는 손이 차갑더라도 사회에 내미는 손은 따스하면 되지 않겠는가. 지금은 담장 너머로 넘나들던 예전의 따스한 손길이 아쉬운 때라 싶어서다.

늦었지만 따스한 손을 펴 보는 연습을 자주 해봐야겠다.

옹달샘은 꼭꼭 숨어서 숨바꼭질이라도 하는지
야인의 은신처보다 더 깊은 산골짜기에서 외로움을 달랜다.
베일 벗기를 싫어해서일까. 언제나 수줍은 얼굴이다.

옹달샘

산을 즐겨 찾다 보면 산속 깊은 곳에서 옹달샘을 만난다.

얼마 전 제법 큰 산을 오르다가 옹달샘을 만났다. 마실 물을 받느라 여럿이 줄을 서 있었다. 단숨에 목마름을 해결하고 나니 다리가 쉬어가자고 한다. 반듯하게 생긴 바위 위에 몸을 눕히니 하늘이 내려앉는다. 정신이 맑아지고 어느새 옹달샘이 마음 안으로 들어와 자리를 잡더니 무심무욕에 빠져든다.

옹달샘은 꼭꼭 숨어서 숨바꼭질이라도 하는지 야인의 은신처보다 더 깊은 산골짜기에서 외로움을 달랜다. 베일 벗기를 싫어해서일까. 언제나 수줍은 얼굴이다. 밤에는 낙엽을 덮고 별들과 속삭이다 잠이 든다. 새벽에는 이슬을 받아 얼굴을 씻고 새하얀 입김을 토하며 하루를 연다. 밤새 목말랐던 짐승이 이른 새벽에 찾아

오면 물 한 모금 내주며 반긴다. 담 넘어 정을 건네는 우리네 삶도 옹달샘으로부터 배운 것인가.

산을 찾아다니는 나그네에게 대문 열고 정겹게 반기듯 옹달샘은 전부를 내놓으며 갈증을 해결해 준다. 지친 다리를 편히 쉬도록 자리를 마련해 주는 베풂이 어느 부잣집 못지않다. 마치 보시를 일삼는 기부천사 같아 보인다.

크지 않은 웅덩이, 바가지 하나 들락거릴 수 있을 뿐이다. 크다고 마구 퍼주기보다는 작아도 알뜰하게 갈증을 해결해 주는 것이 옹달샘이지 않은가. 아무리 퍼내도 마르지 않는 질긴 물줄기는 영원한 생명력과 무관하지 않을 터. 밤새 정성스레 걸러서 고운 님께 드리려고 그렇게 맑고 깨끗할까. 그것만이 아니다. 천연 미네랄이 고여선지 뭇사람이 건강을 되찾았다고 아우성이다.

예부터 전해오는 대로 귀한 걸음으로 다가가 영천송靈泉頌을 불러주면 영험수가 되고 팔공덕수八功德水*의 진가를 발휘하게 된다는 말을 깊이 되새기게 한다.

옹달샘은 언제나 고요함의 상징처럼 보인다. 번뇌 망상을 모두 털어버린 듯 성스럽고 인자롭다. 감히 누구도 범접할 수 없는 초인의 자세 같아서 더욱 그렇다. 그래도 다가가면 맑고 밝고 포근함으로 반겨 맞이한다. 그러고도 나서지 않는 것은 깊은 산속이라서 보다 억겁의 세월 갈고 닦은 수련 때문이리라.

산을 찾고 옹달샘을 만나는 것은 이런 이유에서일까. 잠시 명상을 통해 내가 배우고 느낀 것은 너무 많다. 자연과 더불어 오래 사는 길, 맑고 푸른 산천에서 깨끗하게 사는 길, 누구라 할 것 없이 나누며 사는 길, 언제나 초연히 흐트러지지 않는 자세, 아무데나 나서지 않고 조용히 살며 하심下心하는 모습이다. 더구나 새벽에 찾아온 손님에게 제 얼굴 비쳐주며 성찰의 시간을 갖게 하기도 한다. 이 밖에도 우리에게 주는 메시지는 더 많으리라 싶다.

오늘 따라 옹달샘이 내 안으로 찾아든다.

나는 언제나 맑고 고운 심성과 정숙한 자세로 티 없이 살아왔는가. 성내는 일 없이 누구에게나 인자하게 대해왔는가. 남에게 정을 주고 베풀어 가며 욕심내지 않고 분수를 지키며 살고 있는가.

평소 오르던 산인데도 마음에 쌓인 때가 많았음인지 다리에 힘이 빠지듯 하여 나는 옹달샘 앞에 그만 주저앉아 버렸다.

*팔공덕수 : 여덟 가지의 공을 갖추고 있는 물이라는 뜻. 즉 달고, 차고, 부드럽고, 가볍고, 맑고, 냄새가 없고, 마실 때 목구멍을 상하지 않고, 마시고 나서도 뒤탈이 없는 물.

잡 초

텃밭에 갈 때마다 새 삶을 펼쳐나가는 푸른 잎들이 나를 기쁘게 한다. 새로 돋아나는 잎들은 토실토실 갓난아기 손처럼 정겹다. 그런 틈사이로 세상맛 보겠다며 수줍은 듯 잡초도 머리를 내민다.

겨우내 땅속에 몸을 숨기고 있던 생명이 봄바람 따라 흙을 헤치고 고개를 드는데 잡초인들 가만히 있을 턱이 없다. 돋아날 때는 잡초라도 뽑으려니 마음이 아프다. 더구나 영롱한 이슬을 머금고 있거나 꽃잎을 방긋거릴 때는 더욱 그렇다.

텃밭에서는 봄부터 가을까지 김매기를 한다. 내가 뿌린 씨앗이 제대로 자라게 보호해 주기 위해서다. 하지만 틈사이로 돋아나는 잡초는 늘 성가신 존재로 취급된다. 그럴 때 죽임을 당하는 잡초를 보면 다 같은 생명인데 싶어 머뭇거릴 때가 있다. 왜 하필 잡초로 태어나 미움을 사느냐며 안쓰러워한다. 하지만, 아무리 귀여워도 더 자라면 힘들게 할 존재라 싶어 사정없이 뽑아버린다.

논밭에 터를 잡는 잡초는 제명대로 살지 못한다. 낫으로 몸통이 잘리거나 호미로 뽑혀 나간다. 그런가 하면, 지금은 농약 세례로 생을 마치는 일이 허다하다. 힘을 적게 들이고 쉽게 죽여 없애려다 보니 그럴 수밖에 없다. 농사를 짓는 사람은 갈수록 늙은이뿐이라 뒷날을 생각하기보다는 손쉬운 방도를 취하게 되는 것이다.

10여 년 전의 일이다. 한때 주말농장을 만들어 잡초와의 전쟁을 벌였다가 3년이 채 지나지 않아 손을 들고 물러났던 기억이 좀처럼 지워지지 않는다. 그런 악몽을 털어버리고 노후를 위한 텃밭을 만들려고 해도 잡초에 패한 상처 때문에 주저앉곤 했다. 그러나 마냥 고심으로 머무를 수만 없어 내가 먹을 푸성귀라도 키우자는 마음으로 작은 터를 마련하게 되었다.

텃밭을 찾아가면 흐르는 땀과 함께 마음이 열린다. 차분히 흙을 만지며 작물과 대면하다 보면 생명의 귀천과 선악을 가리는 눈까지 뜨게 된다.

내 밥상에 오르는 푸르고 신선한 채소는 과분한 보호 속에서 자란다. 그러나 씨앗을 뿌려놓고 싹이 트기를 기다리는데 잡초가 먼저 머리를 내밀 때는 미움이 앞서 일찍 내 앞에서 사라져야 하는 운명을 맞게 된다.

흔히 길거리나 바위틈에 살고 있는 잡초를 보면 오래 눈길을 보낼 때도 있다. 어떻게 저런 질긴 삶을 살 수 있는지 경외심마저 생겨서다. 그런데, 텃밭에서 어떻게든 살아남으려는 잡초는 그렇지 않다. 우리의 삶에 대입해 보면 마치 사회악을 저지르는 사람처럼 버림을 받아 마땅하다 싶은 것이다.

어우르며 살아가는 세상, 제자리를 지키지 않거나 질서를 저버리는 자를 '잡초 같은 사람' 이라고 매도하게 된다. 그런가 하면, 노선을 같이하지 않는 사람은 정적政敵으로 따돌리거나 쓸어버리는 일들을 여러 경로를 통해서 알고 있다. 이런 사실은 자기편이 아니면 제거의 대상이 되어 사약을 마셔야 했던 일도 지난 역사가 말해 주고 있지 않은가.

세상을 살아가는데 바른길도 많지만, 그렇지 않은 길이 더 많음을 느낄 때가 있다. 나도 더러 바르지 않은 길을 걸어왔는지 되새겨보아야 할 것 같다. 혹여, 세인의 입에서 '잡초' 라고 불려졌거나 그렇게 비쳐지고 있지 않는지 말이다. 그런 오명을 받고 있다면 하루속히 털어버려야 함이 당연하리라 싶다.

세상에 태어나는 것들은 모두 꿈과 희망을 안고 나온다고 한다. 수많은 경쟁 속을 비집고 생명을 얻어 세상맛을 본다는 것은 행운이 아닐 수 없다. 시간의 길이를 떠나 생명이란 모두 신비하고 고귀한 것이라고 말하는 것만으로도 알 수 있는 일이다.

잡초도 장엄한 우주를 품은 생명인데 어찌 차별할 수 있을 것인가. 산야에 있으면 일찍 죽임을 당하지 않을 텐데, 화근은 텃밭에 자리 잡은 것일 뿐이다. 어디에서 어떻게 살아가는 것이 옳은 일인지 잡초를 보면 알 듯하다.

잡초가 "너는 지금 제자리에서 살아가고 있느냐"고 물을지도 모른다.

몽 돌

바닷가에 가면 가끔 몽돌을 만나게 된다. 검은색이 대부분이나 개중에는 회색처럼 밝은 것도 눈에 띈다. 그곳에는 언제나 소곤대는 소리가 있다. 아기마냥 사뿐히 다가서는 물결 따라 '자르르' 화음이 부드럽다.

몽돌 밭에는 늘 파도가 밀려와 매만지다 되돌아가는 순환작용이 끊임없다. 그럴 때마다 몽돌은 서로 보듬다가 밀어내곤 한다. 가까이 다가가 보면 질긴 인연을 대변하는 몸짓처럼 정겹다.

그러다가 큰 소리로 왁자지껄 시끄러울 때가 있다. 성을 풀지 못한 파도가 몽돌에게 달려들 때는 더욱 그렇다. 그래도 몽돌은 제 몸을 깎으면서 떨어지기 싫어하는 것을 보면 억겁을 이웃했던 두터운 정 때문이 아니겠는가.

몽돌은 모난 데가 보이지 않는다. 세상에 태어나 오랜 세월 할퀴고 씻기고 문드러지는 숱한 고통을 감내하였기에 그런가 보다. 둥글둥글한 것이 세상의 이치를 안으로 채워 삭히고 있음을 엿볼 수 있다. 그런 이면에는 여리고 연한 물의 세례를 받은 흔적도 역력하게 드러나 보인다.

둥근 몽돌에서 오랜 시간 갈고 닦은 수련의 자취를 찾기란 쉬운 일이다. 따스한 손길같이 다정함이 보이고 친한 이웃처럼 느껴져서 그렇다. 둥근 것은 누구에게나 마음을 열고 쉽게 다가갈 수 있어 좋다. 하루도 빠지지 않고 볼 수 있는 해와 달처럼 말이다. 그런가 하면, 우리 삶에 있어 흔히 접할 수 있는 축구 · 배구 · 농구공이 그렇고, 식탁 위에 오르는 식기에서도 둥근 의미를 찾을 수 있다. 둥근 상을 놓고 가족이 함께 식사하는 모습은 정겹기 그지없다. 이런 것 모두 모나지 말고 그저 둥글둥글하게 살아가라는 몽돌의 가르침과 맥을 같이하는 듯하다.

더구나 둥근 것은 하나의 세상임을 뜻하고 모두가 함께 어우러져 살라는 철학이 담겨 있음을 알 수 있다. 또한 만물을 포근히 감싸고 있어 고독해 보이지 않고, 온화한 기운이 한곳으로 모여드는 느낌마저 들게 한다.

몽돌에서 눈여겨볼 수 있는 것은 원만圓滿함이다. 지상에서 내려가는 쓰레기나 하수를 몸소 받아들이고, 배에서 흘리는 기름때도 씻고 걸러낸다. 더러는 밟아도 싫어하지 않고 고약스런 매질에도 얼굴 한 번 찡그리지 않는다. 이러고도 늘 한데 모여 도란거리며 제자리를 지키고 있는 모습은 세속의 번뇌에서 벗어난 그대로다.

이런 정감 때문에 한때 몽돌을 찾아 나선 적이 있다. 수석을 취미로 하는 친구의 권유로 거제도에 갔다. 수없이 많은 몽돌 중에 내가 갖고자 한 것은 둥글고 잘생긴 몽돌이다. 그때 하나를 가져와서 책장에 놓아두고 틈틈이 눈을 맞추곤 한다. 내가 그 몽돌을 보러 다가가면 늘 둥근 달처럼 미소를 머금은 채 말을 걸어올 것 같다. 그러면서 가끔 내 안부라도 물을 듯싶을 때도 있다. 어쩌다 성난 얼굴로 다가가도 빙긋이 웃으며 반겨주니 정겹기 그지없다.

친구 집에서 둥근 몽돌을 크기순으로 나열해 놓은 것을 볼 때도 그랬다. 둥근 것이 모여 하나의 예술품으로 자리 잡고 있었다. 그 친구는 늘 넉넉한 마음을 지니고 우리를 대했다. 나는 그 친구가 몽돌을 보고 내면에 녹아 있는 너그러움을 몸소 익혀서 그러리라 싶었다. 언제나 넉넉하고 모나지 않은 성격으로 주위를 따스하게 했기 때문이다. 나도 그런 마음을 배우려고 했지만 아직도 그러지 못하고 있을 뿐이다.

몽돌은 딱딱함만이 아니다. 마냥 매정스러운 모습만으로 보이지 않는다. 겉으로 드러난 대로 기나긴 세월을 볼 수 있고, 표면에서 한없이 부드럽고 정결함을 찾을 수 있다. 겉모양만으로 속내를 알 수 없듯이 오랜 세월 인고의 흔적을 살짝 드러내고 있음도 보인다. 겉보다 속 깊은 사람이 이러지 않을까 싶기도 하다. 지금껏 겉만 보고 판단했던 지난날의 어리석음을 떠올리니 얼굴이 화끈거린다.

둥근 몽돌을 보면서 얻은 깨우침이 나를 되돌아보게 한다. 지금껏 살아온 시간 속에 때 묻은 흠이라도 바래지지 않고 있는지 챙겨야 할 것 같다. 내 주변의 더러운 것들을 다 씻어내지는 못해도 내게 남은 흠집은 지우고 가야 하지 않겠는가.

기나긴 시간 몽돌이 조금씩 몸을 만들듯 늦게라도 수련의 길을 걸어야 할 것 같다.

돌탑

자연의 신비함에 사로잡혀 심미안을 넓히기 위해 발길을 재촉하는 일이 허다하다. 마이산을 세 번째 찾아갔다. 진안군을 알리는 표지판을 비껴 나가자 말의 귀처럼 생긴 산이 저 멀리 눈에 들어왔다. 두 번째 찾았을 때까지 풀지 못했던 의문을 이번에는 풀어보리라 다짐했다.

두개의 산이 불과 6미터 높이의 차이로 솟아 있는 모습이나 바윗덩이 산이 다정스런 이야기라도 나누듯 가까이 있는 자연의 오묘한 형상, 그 인과因果는 선뜻 풀리지 않으리란 마음이 앞섰다. 가까이 다가가면서 설레는 마음은 짝사랑하던 여인을 만나러 가는 기분 같았다.

마이산은 한 덩어리의 바위로 이루어져 있으나 모래에 자갈을

두 개의 산이 불과 6미터 높이의 차이로 솟아 있는 모습이나, 바윗덩이 산이 다정스런 이야기라도 나누듯 가까이 있는 자연의 오묘한 형상, 그 인과因果는 선뜻 풀리지 않으리란 마음이 앞섰다.

간간이 섞어서 시멘트로 비벼 만든 바위 같다는 생각이 들었다. 수성암으로 세계 최대의 타포니 지형(내부에서 표면으로 진행한 풍화작용에 의하여 형성된 지형)이라는 것을 안내문을 통해 알게 되었다.

의문은 여기서 끝나지 않았다. 고개를 넘어 골짜기로 내려가니 암 마이봉 아래 크고 작은 모양의 돌탑들이 하늘을 찌르고 있었다.

돌탑문화는 우리 조상들이 민간 신앙을 상징하는 것에서 시작된 것이라 한다. 흔히 마을 입구나 절 앞에 오래된 돌탑들이 세월을 비껴가며 서 있음을 볼 수 있다. 그런가 하면, 정령精靈한 기운을 얻기 위해 산 정상이나 깊숙한 곳에 돌탑을 세우면서 소원을 빌었던 흔적을 만나게 된다. 내게는 어릴 적 마을 가운데 서 있는 돌탑을 돌며 지신地神을 밟았던 기억도 생생하게 남아 있다.

마이산에 당도하여 돌탑을 만나게 되니 내가 원주에서 군복무를 하던 60년대 중반의 이야기가 먼저 떠올랐다.

치악산 비로봉(1,288미터) 정상에 세 개의 돌탑이 있는 것을 보았다. 이미 두 개는 다 쌓았고 마지막 하나를 쌓고 있을 때였다. 그때 어느 잡지를 통해 돌탑을 쌓게 된 연유를 알게 되었으나 믿기지 않는 의문 덩어리였다.

원주에 살고 있는 '용진수' 라는 사람의 꿈에 산신령이 나타나서

“세 개의 돌탑을 혼자 힘으로 쌓기를 바란다”는 주문을 내리고 사라졌다는 것이다. 이런 계시를 받았으나 이를 시행하려 해도 망설이기를 여러 번, 어떻게 쌓을까 고민하다가 엿장수가 되어 명산대천의 돌을 주워오면 되겠다는 마음으로 엿판을 짊어지고 나섰다는 것이다.

그가 3년 동안 정성을 다해 탑을 쌓았으나 하룻밤 만에 무너지고 말아 허탈한 마음을 안고 발길을 돌렸단다. 그날 밤 산신령이 다시 나타나서 정성을 다해 탑을 쌓으라는 말만 남기고 사라졌다고 했다. 그 말을 거역하지 못해 다시 3년에 걸쳐 쌓았다는 이야기가 내 기억 속에 오래도록 머무르고 있다.

첫 번째 탑은 자신과 가족의 건강과 안녕을 위해서고, 두 번째는 우리나라의 평화와 안녕을 기원하는 것이었단다. 그리고 마지막 쌓은 것은 세계의 평화를 바라는 염원을 빌었다고 하였다.

산 정상의 높이도 그렇지만, 돌탑의 높이만도 6미터를 넘는다는데, 그것을 쌓는데 들어간 돌이 얼마나 많았겠는가. 혼자서 그 많은 돌을 주워 쌓는다는 것은 짧은 산술로서는 헤아리기 어렵다. 어림잡아 평생 동안 쌓아도 이룰 수 없는 일이라 싶은데, 단 몇 년만에 어떻게 완성했을까 모를 일이다. 그는 시공을 넘나드는 신령이라도 불러왔던 것일까.

그리고 마이산 돌탑은 어떤가.

이갑룡 처사가 30년에 걸쳐 120여 기의 크고 작은 돌탑을 쌓았다고 전하고 있다. 이 돌탑들은 음양오행을 뜻하는 것에서부터 작은 돌무더기 탑에 이르기까지 다양한 형태로 세워져 있다. 그러나 세월의 덫에 걸려 허물어지고 지금은 80여 기만 남아 있다고 기록되어 있다.

그를 추모하는 비석에는 그 많은 돌들의 대부분은 전국을 돌며 주워왔다고 적혀 있다. 그때 돌을 주워 모으기란 인력으로밖에 할 수 없었으니 초인적인 능력을 발휘하지 않고는 이루어낼 수 없는 일이라 여겨졌다. 돌 하나 주우면서도 돌이 인간의 한계를 극복해 주는 주술적 영검靈劍 물로 인식하였는지 모른다.

탑을 쌓을 때 올려놓는 돌 하나마다 소원 하나씩 빌면서 마음의 때를 걷어내어 쌓은 탑이라 하니 그냥 범인이 할 수 있는 일은 아닌 것 같다. 진정 삼매경에 이르지 않고서는 도저히 이룰 수 없는 일이라 싶을 뿐이다.

여러 개의 돌탑이 제 나름의 자태로 서 있는 것을 보니, 어쩌면 우주 만물의 근원을 찾을 수도 있겠다는 생각이 슬그머니 일었다. 탑과 자연, 탑과 인생, 인생은 짧아도 탑은 영원히 서 있을 영원성을 발견할 수 있었고, 우리의 전통적인 자연 숭배, 그 내면 깊숙이에서 우러나온 무심은 오욕 칠정을 씻을 수 있을 것이란 생각이 앞섰다.

돌탑을 쌓은 정성 앞에 신령스런 기운을 몸으로 받아 이루었을 것이라 싶어 더 가까이 다가가 보았다. 하나하나 빈틈없이 쌓아올려진 돌탑. 무슨 일이든지 지극정성을 다하라고 가르치고 있는 듯하다. 언뜻 '지성을 다하면 못 이룰 것이 없다' 말이 내면 깊숙이 들어와 머문다.

돌탑을 쌓으려는 일도 결국은 마음 하나에 달려 있음이 아닌가. 달라이 라마의 '행복론'에서도 그랬지만, 팔만대장경을 다 읽어도 마음 심心자 하나에 귀결된다는 어느 선사의 법문을 되새겨볼 일이다.

계곡의 물소리

지루한 장마 뒤 오랜만에 햇볕을 받으며 지리산 뱀사골을 찾았다. 여름이 한창 무르익을 때라 발 디딜 틈이 없을까 싶어 발길을 서둘렀다.

지리산 초입을 지나 계곡을 따라 오르니 물소리가 선율처럼 들렸다. 흥겨움에 매료되어 콧노래가 나오려 했다. 그 물소리를 뒤따라 파도 소리로 세계의 거장이 된 음악가가 잠시 머리를 스쳐갔다.

일행 모두 무릉도원을 찾은 기쁨 때문인지 얼굴이 밝아보였다. 자연과 인간이 하나로 동화되어서 그런지 모른다. 더위에서 벗어나려는 마음이 앞서 바쁘게 걸음을 내딛었다. 매미 소리가 화음을 맞춰주어서 다리는 한결 가벼웠다. 신선이 노닐었다는 선녀탕을 향해 걷는 발길 따라 시야는 다르게 펼쳐졌다. 숲 사이 고샅길에도 햇살이 다가와 길을 밝혔다. 오랜만에 산수山水를 대하게 되니 그동안 닫혀 있던 오감들이 열리듯 했다.

계곡의 물이 어디론가 제 갈 곳을 찾아 경쟁이라도 하듯 하얀 거품을 물고 바위틈을 헤친다. 금세 떨어졌다가 언제 뭉쳤는지 한 몸이 되어 소곤댄다. 깨끗하기로도 그렇고 차례대로 다툼 없이 아래로 내려가는 모습이 너무 다정스럽다.

물소리를 들으니 어릴 적 기억이 떠오른다. 폭우 뒤에 갑자기 불어난 도랑물은 순식간에 노인 한 사람을 집어삼켰고 농로마저 쓸어가 버렸던 흔적을 머릿속에 생생하게 담고 있다. 그런 무서움은 쉽사리 지워지지 않는가 보다. 그래선지 물소리가 크게 들리면 화들짝 놀라는 버릇이 남아 발걸음이 멈칫거릴 때도 있다.

하지만, 동천洞天을 향한 마음이라 그 소리쯤은 뒤로하고 계곡 깊숙이 오를 수 있었다. 성현聖賢이 말한 '최고의 선善은 물과 같다' 는 말을 더듬으니 발걸음에 힘이 붙는가 보다.

문득 사시사철 물소리를 듣고 있는 산은 어떨까 싶었다. 가부좌를 틀고 앉아 그러려니 하고 있는 모습이 해탈한 자세 그대로다. 뭇사람들이 앞다투어 나서려는 몸짓에도 그저 허허 웃으며 요산요수에 젖어 있는 듯해 보인다.

선인先人들이 다녔던 길을 따라 정상을 향해 오르니 들리는 물소리가 점점 요란하다. 우리가 사는 세상을 대변하듯 격앙된 목소리와 다르지 않다. 행여 물에서도 인간 삶의 진리를 터득할 수 있을까 싶어 귀를 크게 열었다.

높은 곳으로 오를수록 물소리의 옥타브가 높아지고 더욱 날카로워졌다. 가끔 시장 골목에서 들을 수 있는 소리 같았다. 성깔 있는 사람끼리 싸우는 다급한 목소리처럼 들려 시장에서 들었던 기억까지 생생하게 떠올랐다. 이런 소리는 이기고 말겠다는 집착 때문일까. 얼른 자기 욕망을 채우려는 속 좁은 사람들의 몸부림 같아 보였다.

그런 생각 끝에 국회 안에서 여야 간에 싸우던 모습도 함께 눈앞에 서성거렸다.

요즘 국회는 하루도 시끄럽지 않은 날이 없다. 정책을 가지고 조용히 타협하는 여유로운 모습을 보기 어렵다. 하등동물이나 저지를 삼류 코미디를 연출하여 세계의 이목을 끈 일도 있었으니 말이다. 이런 일은 시정잡배들이 하는 짓이니 그렇게 취급하는 것이 당연하리라 싶다.

잠시 노자의 이야기를 더듬어본다. 노자는 '좋은 정치란 물과 같아야 한다' 고 말씀하셨다. 물은 세상에서 가장 약하지만 돌을 뚫고 바위를 밀어내는 힘을 가지고 있어 가장 강하다. 그리고 정치는 모든 것을 포용하여 하나가 될 때 천하가 태평해 진다고 하였다.

그런데 국회는 왜 그리 시끄러울까? 서로를 배려하는 너그러움보다는 자기 욕심만을 채우려 하기 때문일까. 그러다 보니 국가 발전은 뒷전이고 국민을 두 갈래 세 갈래로 찢어놓고 있지 않은가. 그러니 0점 국회, 물보다 못한 국회의원이란 소리를 들을 수밖에 없다. 곳곳에서 잘못 뽑았다고 한탄하는 목소리가 크게 들리는 것은 당연한지 모른다.

물은 싸우는 일이 없다. 깊은 물속을 보면 온갖 것들을 품고 있는 넉넉한 가슴을 가지고 있는 듯하다. 계곡에서는 먼저 내려앉으려다 나는 소리일 뿐 결코 싸우지는 않는다. 그저 내려놓음을 실행하고 있음이다. 그들끼리 나누는 대화는 상냥하기 그지없다. 그런 물이 강에 이르면 더 넓은 가슴으로 큰 덕을 쌓은 어엿한 대인의 모습 같아 보인다.

사람도 이런 물 같아야 한다. 더구나 국회의원이 물처럼 겸손하고 내려앉을 줄 아는 여유로운 몸가짐을 보였으면 얼마나 좋을까.

넓은 강물을 닮는 일이 우리들 모습이건만 그러지 못하니 어쩌나.

줄

밭에서 줄로 고춧대가 넘어지지 않게 지지대에 동여매면서 줄의 효능을 잠시 생각해 보았다.

'줄' 이란 평소 예사롭게 사용했던 말이라 별 의미를 따지지 않고 건성으로 썼던 것이 사실이다. 의미를 모르고 써 온 말들이 어디 이것뿐일까 마는 흔하게 쓰는 것일수록 무시해온 습관에서인지 모른다.

줄은 온갖 것을 동여매는 데 필수적이고 그 쓰임새가 다양하다. 그중에서 가장 먼저 떠오르는 것이 있다면, 절벽을 타고 오르내리는 장면일 것이다.

기다란 줄을 보면 몇 가지 의미와 함께 어렴풋한 이야기가 떠오른다.

줄은 생명선이라 암벽을 타고 오르내리는 산악인들에게는 없어서는 안 되는 것이다. 생사를 가늠할 수 없는 절박한 상황에서 줄에 매달려 삶을 즐기고 있는 사람들이 거기에 도취되어 있어도 생명을 담보하고 있어서다.

줄은 안전을 위해 제몫을 다한다. 언제 어디서라도 흐트러지기 쉬운 물건들을 결박하여 안전하게 보호할 수 있게 제 몸을 희생한다. 하지만, 조금이라도 느슨하면 엉뚱한 문제를 빚게 되는 만큼 단단히 조여 매는 것이 최선이다.

줄은 선악을 가르는 데 쓰였다는 이야기도 있다. 착한 사람에게는 튼튼한 새 줄을, 악한 사람에게는 낡은 줄을 주었다는 할머니의 옛 얘기는 유년에서부터 선악을 구별하는데 쓰인 교육 자료이기도 하다.

또한, '진리의 밧줄' 이란 말도 있다. '묶으면 오해가 되고, 풀면 이해가 된다' 는 일상적인 상식에서 비롯된 말이다. 진리를 바르게 안다면 줄에 묶일 걱정은 하지 않아도 된다는 의미를 내포하고 있는 것 같다. 그러니 어렵게 묶여 있는 줄을 보면 어떻게든 풀어야 하는 이유가 여기에 있지 않을까.

줄은 인간의 내면에서 믿음의 가교라 할 수 있는 연緣줄로도 인용된다. 사람은 서로의 믿음으로 연줄이 형성되어 언제 어디서라도 터놓고 교감할 수 있지만, 믿음에서 떠나면 아무리 튼튼한 줄도 끊어지고 마는 것이다.

줄에 대한 생각은 많은 여운을 남긴다. 사회 어느 곳에서나 연결되는 연줄은 강약의 논리에 따라 그 차이가 천차만별이다. 연줄이 제대로 닿으면 일이 쉽게 풀리는 이치는 줄과 무관하지 않음을 대변하고 있다. 그러나 힘없는 사람이라 자처하면서 내뱉는 말 한마디가 사회에 울려 퍼지는 일은 예사롭지 않게 들린다. '썩은 새끼줄이라도 있었으면 이런 꼴은 면할 텐데' 라며 외치는 말이다. 속에서 끓어오르는 용암을 토하는 소리 같다. 이런 탄식은 한두 번 들어본 바가 아니어서 늘 가슴 한구석에 꽂히는 비수가 되곤 한다.

줄을 보면 여럿을 하나로 묶는 것에서부터 우리 사회에 깊이 뿌리박고 있는 '연고주의' 라는 말까지 떠오른다. 연고주의는 혈연, 지연, 학연으로 뒤엉켜 사리를 제대로 분별하지 못하고 오직 연줄에 얽매여 일을 그르치고 있는 현실을 되새겨 볼 수 있다.

예전에 일어난 일들 중에 연줄을 잘못 대어 크게 낭패를 당하는 사례들을 더러 알고 있다. 서로 얽히고설킨 줄로 인해 노정되는 행태는 구정물 나는 사회를 만들고 있음이 아니던가. 온갖 줄을 이용하여 제 욕심을 채우려는 사람들이 줄줄이 묶이는 일들. 이런 사람들은 가차 없이 고독한 방으로 직행하고 있음을 여러 번 보았다. 줄과 연결된 운명이 어떤 결과를 낳게 되는지를 증명하는 일이라 싶었다.

이런 일들을 보면 줄은 바르게 쓰면 가치가 높지만, 잘못 쓰면 낭패를 당하고 만다는 이치를 터득하기는 어렵지 않다. 그래도 어떻게든 줄을 잡아보려고 안달인 사람들이 벌떼 같다고 하는 세상이니 걱정스럽지 않은가. 그들은 줄이 해결의 만능사라도 되는 양 착각하는지 모른다. 세상은 분명 줄이 필요악이라고 외치는 사람들뿐만은 아닐 텐데 어쩐지 씁쓸한 기분이 앞선다.

나도 줄을 보면 아찔한 생각으로 정신이 번쩍 들곤 한다.

공직에서의 일이었다. 자기 이익만을 앞세워 몇 푼의 금전으로 옭아매려는 자들이 있었다. 끈질기게 달려들던 그들을 뿌리치느라 진땀을 뺐던 기억을 잊지 않고 있다. 그때 돈줄에 동여매였더라면 그 결과는 여느 사람들과 다르지 않게 손발이 묶여 큰 별(?)을 달았을지 모른다. 그래도 그때 간신히 빠져나온 것이 얼마나 다행한 일이던가. 그 냄새나는 것 안 먹는다고 누가 탓하랴 싶은 마음이 위기를 벗어나게 하였던 것 같다.

자승자박自繩自縛이란 말은 줄을 좋아하다 보면 제 손발이 묶이게 된다는 의미를 지니고 있다. 줄을 잘못 쓰면 크게 실패한다는 잠언으로 들린다.

고춧대를 바로 서게 했던 줄, 나도 넘어지지 않게 제대로 동여매어야겠다.

뚜 껑

뚜껑은 닫힘만을 의미하는가?

아침에 양념 병을 열기 위해 안간힘을 쓰는 아내의 모습을 보았다. 잔뜩 힘을 들여도 열리지 않는다며 목소리에 짜증이 섞여 있었다. 평소에 자주 열던 병이었는데 왜 그러냐며 나더러 대신 열어달라고 했다. 나도 손에 힘을 모아 열려고 기를 써보았지만 쉽게 열리지 않았다. 헝겊을 받쳐가며 힘을 모으니 겨우 열렸다. 뚜껑을 열어 조리하는데 필요한 양념을 넣을 수 있게 되었지만 마음은 개운치 않았다.

그렇게 힘을 많이 주어도 왜 열리지 않았을까? 그것이 아침의 화두였다. 오랫동안 열지 않아서, 불순물이 끼어들어서, 너무 세게 잠가서, 아니면 뚜껑에 녹이라도 슬어서 등 생각들이 꼬리를 물었다.

원인은 어느 하나에 있다 치고 뚜껑이 열리지 않았다면 그날 요리는 제대로 안 된 채 밥을 먹어야 했으니 마음이 편치 않았을 것이다. 그랬다면 뜸이 들지 않은 설은 밥을 먹는 심정이었을 터이니 말이다.

이런 일로 인해 이와 비슷한 지난날의 일들이 떠오른다. 별것 아닌 데도 잘 풀리지 않아 애를 태웠던 일이다.

어릴 적 연을 띄우다 줄이 헝클어져 못 쓰게 된 일이 있었다. 또래들은 신나게 연을 하늘 높이 올려놓고 재주를 뽐내는데 나는 실을 푸느라 끙끙댔다. 그때는 어느 것이 바르고 빠른 길인지도 모르고 서둘기만 했었다. 또 어머니가 짜는 무명베의 실타래를 감다가 매듭이 생겨 이를 푸느라 애를 먹었던 일도 있었다. 그뿐이 아니다. 쓰다가 아무 데나 버려둔 농기구가 녹이 슬어 제 기능을 다하지 못하는 경우도 그랬다. 무엇이던 제대로 된 손길이 닿지 않으면 쓸모없이 되고 마는 근본이치와 다르지 않은 오랜 적의 기억들이다.

뚜껑을 보면 언뜻 문지기가 생각난다. 집안의 모든 일들을 책임지는 막중한 임무를 맡고 있는 튼실한 지킴이 같다. 잘나지 않아도 성실하게 소임을 다하면 그것으로 족한 성실한 사람 같아서다.

열리지 않던 뚜껑은 제 역할을 다하기 위해 버텼는지 모른다. 어느 누가 집적거려도 오직 닫힘만으로, 병 속에 들어 있는 소유물을 끝까지 지키는 소임을 다하느라 그랬을 것이다. 정직한 파수꾼처럼 억지로라도 책임을 다하는 사람 같아 보이지 않았던가.

흔히 겪는 일이지만 갈증이 나서 병 안의 음료수를 마시고 싶어도 뚜껑을 열지 않으면 안 되듯이 마음속에 있는 생각도 밖으로 드러내지 않으면 소용없는 것과 다르지 않다. 석학의 지혜도 밖으로 드러내어 누구나 활용할 수 있어야만 의미가 큰 것이라 하듯이 말이다.

더구나 이웃과는 마음의 문을 열지 않으면 이웃사촌이 될 수 없다. 그러니 가까이 있는 사람에게 다가서려면 마음을 열어야 한다. '마음의 뚜껑' 을 닫아놓고 살면 영영 남이 되어버리고 말 이웃일 뿐이다.

또한, 세상을 제대로 살아가려면 올바른 사고思考를 가져야 한다. 비뚤어진 사고는 부정적인 언행과 엉뚱한 일을 저지른다는 학자들의 지론이 많다. 이런 사고는 뚜껑의 역할에 따라 결과는 이분법적 세상이 되어 갈라진다는 단순한 이치를 그냥 넘겨서는 안 될 것이다.

뚜껑은 아무렇게 흘러버리거나 넘쳐 남을 막는 역할을 한다. 막지 않으면 흘러버리는 것은 우리 사회의 비도덕적 악행과도 연상

된다. 이런 넘침을 막기 위해 제 몫을 다하고 있는 지킴이가 뚜껑의 의무라 할 것이다. 내가 아니라도 누군가가 해 주겠지 하는 의타적 행동이 아니고 끝까지 자기 본분을 다하는 성실한 지킴이인 뚜껑. 그것이 제때 열리고 제대로 열려야만 제 기능을 다할 수 있지 않을까.

우리가 살고 있는 사회, 마음이 열리지 않으면 속 좁은 사람으로 매도되기 쉽고 정상적 열림이어야 가치가 높아진다. 생각을 일러 '사고의 뚜껑' 이라 한다. 그것이 긍정적이냐 부정적이냐를 두고 흔들릴 때가 있긴 하지만, 그 가치를 어느 쪽에 두느냐에 따라 큰 편차를 유발하는 결과를 얻게 된다. 일반적으로 긍정적 사고는 어느 면에서 보든 가치를 높일 수 있는 일반적 상식인 것을 모르지 않을 것이다.

지금을 뚜껑이 제대로 열리는 소통이 필요한 시대라 말한다. 서로가 문을 꼭꼭 잠그고 산다면 세상은 암흑의 시대와 무엇이 다르겠는가. 가정이나 사회, 국가가 정상적인 길로 나아가려면 너와 나에서부터 시작되는 상호신뢰의 소통이 절대적이라 할 것이다.

나는 지금껏 살아오면서 얼마만큼 제대로 열리는 사고의 뚜껑을 가졌었는지 되돌아보아야겠다. 가족과 이웃과 사회에 남긴 족적에서 닫힌 뚜껑으로 살아오지 않았는지 차분히 살펴볼 일이다. 그런 일은 하루라도 빨리 그리고 제대로 열어야 하는 것이 여생의 의무라 여겨지기 때문이다.

막힌 가슴은 제대로 열어야 훗날 편히 눈을 감을 수 있으리라 싶은 것을…….

세 번 째

삼백 년의 한

사람이 늙으면 설 자리마저 없어지는가.
예전에는 나이가 많아지면 경륜이 높다거나 노익장을 과시한다고 하여
오히려 존경의 대상이 되었었다.
그러나 지금은 그런 전통적 윤리관이 흐려지고 있다.

노인의 설 자리

사람이 늙으면 설 자리마저 없어지는가.

예전에는 나이가 많아지면 경륜이 높다거나 노익장을 과시한다고 하여 오히려 존경의 대상이 되었었다. 그러나 지금은 그런 전통적 윤리관이 흐려지고 있다. 그저 시대적 현상이라고 받아들여야 할지 헷갈리는 세상이다.

얼마 전 손자의 결혼식에 참석한 팔순 할머니께서 가족들과 함께 기념사진을 찍는 모습을 보았다. 우리의 전통 가정인 조손세대가 화목함을 이루는 예시라도 보여주는 현장이었다. 내 기준에는 능히 그러려니 싶었는데 갑자기 하객들 중에 소곤거리는 소리가 내 귀를 찔렀다. “나이 많은 분이 뭐하려고 사진을 찍는지 모르겠다”는 것이다. 그 하객의 눈에는 노파가 싱그러운 숲 속에 서 있는 고목처럼 보였을까.

늙는다는 것은 아무도 거역할 수 없는 숙명이건만, 젊음만이 최고의 선이고 늙음은 퇴물이라고 취급한다면 누군들 퇴물이 되지 않고 배길 수 있겠는가 싶으니 마음이 착잡할 뿐이다.

사진을 찍은 할머니는 자식들의 권유도 있었겠지만 당신도 마음이 허락했기에 함께 자리에 섰으리라. 그 마음 가운데는 한 가닥 남은 생의 끈을 놓기 싫은 까닭도 있었을 것이라 싶다. 그 끈을 놓으면 다시는 세상을 볼 수 없음을 알고 작은 흔적이라도 심어두려 함이 아니었을까. 혹여, 심중에 육신은 이 세상에 없어도 영혼은 사진 속에 영원히 남아 있을 거라는 희망을 가진 때문이었을지도 모른다.

사실은 사진 찍는 일에 대해 잠시 망설이는 순간, 만감이 교차하였음을 짐작할 수 있었다. 마음은 청춘이지만 노령의 몸으로 사진을 망칠까봐 염려스런 모습이었다. 하지만, 손자에 대한 사랑이 어떤 수치심도 씻어낼 수 있다는 자신감이 용솟음쳤을 성싶었다. 거기에는 당신이 젊었던 시절 예식장이 없었고 사진기도 흔치 않았으니 약간의 호기심도 발동하지 않았을까.

언뜻 풍기는 그 할머니의 얼굴에는 흙과 함께 살아온 지난 세월의 순수함이 역력했다. 다만, 세상을 잘못 만나 잘 먹고 잘 입지 못하고, 많이 배우지 못한 기나긴 질곡의 시간들이 스쳐간 흔적만이 보였다. 지금껏 혼신을 다해 험난한 세상을 열심히 살아온 공과는 온데간데없고, 초점은 젊음에만 맞춰져 있으니 어찌 회한으로 남지 않겠는가. 그저 어울리지 않은 자신의 모습을 자탄했으리라 싶을 뿐이다.

지금껏 내 기억 속에 머물고 있는 것 중에는 허연 수염을 만지작거리며 할아버지의 품안에서 놀던 일도 있다. 그 품안에서 예와 도를 익혀 온 터라 오래오래 이어지기를 바랐는데, 어느새 밀려온 외풍에 스러지고 있음이 안타깝기만 하다. 수천 년의 철옹성 같던 미풍이 채 한 세대도 지나지 않아 무너져 내린다 싶으니 가시에 찔린 일보다 더 아프게 느껴진다.

사진을 찍는다는 것은 삶의 희로애락을 영원히 남겨놓을 수 있는 시각적 산물이라 한다. 먼 훗날 되돌아보는 사진은 일기나 회고록과 함께 추억을 고스란히 담아놓을 수 있어서 좋다고들 하지 않던가.

조손이 함께한 자리가 비록 사진을 망치게 할지라도 우리의 전통예절이 살아 있음을 보여준 일이라 싶은 내 기준이 틀렸을까. 자식에 대한 사랑은 지극정성이면서 부모에 대한 효성은 날로 사라져가는 현실에 대한 좋은 본보기가 된 일이라 여겨지니 더욱 그렇다. 하지만 젊은 하객들의 시각이 따르지 못하니 아쉬울 뿐이다.

그날 할머니가 선 자리는 과연 세태를 바로 보지 못한 것일까? 하나를 보면 열을 안다고, 비단 사진 찍는 일만이 아닐 것이라 싶으니 말이다.

해거름 길에 접어든 나도 이제 설 자리를 챙기며 살아야 할 것 같다.

고사리 아줌마

내가 아는 그 아줌마는 고사리 말만 하면 싱글거린다.

아내가 아침 일찍 전화를 걸어 그녀에게 "고사리 꺾으러 갈까?" 하고 말하자 좋아서 얼른 챙겨 나오라며 성화가 대단하단다. 그녀를 '고사리 아줌마' 라고 부르게 된 것도 그래서인가 싶다.

인간은 태초부터 산과 들에서 먹을거리를 얻었다. 해동의 기미가 서릴 때면 온갖 새싹들이 돋아난다. 그중에 약효가 있는 싱싱하고 부드러운 새싹은 나물거리로 쓰인다. 고사리도 그 일종이다.

고사리는 어린잎을 삶아서 먹고, 말려서 나물로 쓴다. 석회질이 많아 이와 뼈를 튼튼히 하는 식품이지만 많이 먹으면 눈이 어두워지고 양기陽氣가 약해진다는 설도 있다. 오래전부터 산사山寺에서 스님들이 많이 먹었다는 이야기는 양기 억제제라서 그렇다고 하는지 모르겠다.

내가 어렸을 때 들은 이야기다. 고사리를 많이 먹으면 암에 걸린다는 말이었다. 그 말을 들은 뒤부터 고사리는 마음에 걸려서 젓가락이 자주 가지 않았다. 어쩌다 젓가락으로 집어 올려도 머뭇거려지곤 했다. 아마도 고사리와는 연분이 닿지 않아서 그런가 보다.

봄이 오기 바쁘게 사람들은 나물거리로 쓸 새싹을 따러 산으로 달려간다. 나는 이웃에 사는 그녀가 새벽부터 진둥걸음 치는 모습을 종종 봐 왔다. 마치 단거리 선수 같아 보여서 바쁜 경쟁 속에 사는 세상사의 단면을 보는 듯했다. 그녀는 오래전부터 고사리의 향긋한 맛에 반했는지 봄이 되면 입에 고사리를 달고 있다. 그래서인지 전생의 인연을 안고 사는 사람처럼 보인다.

이런 일을 보면 사람은 누구나 신바람이 있음을 느끼게 된다. 산을 헤매며 고사리를 꺾는 일은 힘들고 자칫 위험한 일을 당할 수도 있다. 그래서 싫어하는 사람이 많지만 그녀는 주저 없이 산으로 달려가기 일쑤다. 그럴 때는 신들린 사람처럼 얼굴에는 웃음기뿐이다. 온몸에 신바람이 가득 차 있다 싶을 정도로 생글거린다.

나도 예전에 그런 일이 있었다. 운동경기에 선수로 뛰게 되면 신이 나고 힘이 생겨 일이 쉽게 풀렸던 기억을 잊지 못한다. 또한,

그녀는 오래전부터 고사리의 향긋한 맛에 반했는지
봄이 되면 입에 고사리를 달고 있다.
그래선지 전생의 인연을 안고 사는 사람처럼 보인다.

나이 들어 활을 배우고 과녁을 향해 시위를 당길 때도 그랬다. 즐거운 마음으로 궁도장을 향하던 날이 많았다. 화살이 과녁에 꽂히는 것을 생각하면 신이 났고 그날은 명중을 놓치지 않았다.

그런 일들을 되새겨 보니 신바람은 힘들이지 않고 만사를 쉽게 풀어 나가는 에너지라는 생각이 앞선다.

신바람은 H박사의 강의를 들은 뒤 사람이 오랜 수련으로 신의 경지에까지 다가가는 데 빠져서는 안 되는 정신작용임을 알게 되었다. 그런 일은 농악에서 상모象毛를 돌리며 신기神技를 펼치는 사람을 보면 더욱 그러함을 실감할 수 있었다.

일을 하면서 신을 불어넣으면 결과가 좋아진다는 사실도 이제 알 것 같다. 그녀는 남들처럼 돈을 벌기 위해 산을 헤맨 것은 아니란다. 잠자리에 들어도 고사리가 눈에 어른거려서 벌떡 일어나는 일이 여러 번이라 하지 않던가. 그저 재미가 나고 온몸에 신이 붙어서 그런지 모르겠다며 열을 올리기도 한다. 이런 일은 내가 산을 힘들게 올라도 피곤하지 않은 것은 몸에 신바람이 일어서였던 이치와 다르지 않으리라 싶다.

그녀는 일찍부터 신바람의 경지를 터득했는지도 모른다. 어려서부터 스스로 산을 오르며 몸과 마음을 단련한 듯해 보여서다. 산야에서 채취한 싱싱하고 부드러운 새싹이 우리 몸에 좋다는 말을 그녀로부터 여러 번 들었다. 그중에 중병을 앓는 환자가 산나물을 먹고 치유했다는 이야기를 거침없이 했던 일까지.

그것만이 아니다. 사람이 먹을 수 있는 산나물 종류도 많이 알고 있다. 고사리, 취나물, 두릅, 머위, 다래, 미역초 등 마치 사전을 펼치듯 하지 않던가.

산나물을 찾아 산천을 헤맬 때는 먹잇감을 찾아 달리는 야생마 같다는 말도 쉽게 듣는다고 한다. 그래서 "어디서 그런 힘이 나오느냐?"고 물으면 싱긋이 웃으며 산나물 덕이라 말한다.

그녀는 산야를 헤치고 돌아와도 힘들어 하지 않는다. 성격 탓이라 하더라도 신바람을 채워 넣고 사는 사람처럼 나이에 비해 젊어 보이고 건강하다. 언제나 해맑은 웃음을 놓치지 않는 모습에서 신바람 전령사 같음을 느낄 수 있으니 믿을 수밖에…….

오늘도 아줌마는 신바람을 앞세워 산으로 달려가고 있다.

생각의 길이

생각에 무슨 길이가 있을까?

운동경기에서나 있을 법한 일이 아니겠느냐고 말할 수 있을 것이다. 굳이 연관을 지어 본다면, 100미터 달리기 경주를 하는 것처럼 짧은 순간 생각하고 마는 것이 가까운 생각이고, 마라톤처럼 길고 깊이 있게 생각하는 것을 먼 생각이라고 풀이하면 되지 않을까.

며칠 전 대수롭지 않은 아내의 말에 생각 없이 격한 대답을 했다. 그러자 대뜸 되돌아오는 말이 "왜 화를 내느냐"는 것이다. 나는 다시 "내가 언제 화를 냈느냐"고 따졌다. 오가는 말투가 억세어지고 일촉즉발의 위기감이 감돌 때쯤 그만두기로 해서 1막은 끝이 났다. 그 순간 왜 내 생각이 짧았을까하고 후회했다. 한순간만 참았더라면 큰 소리는 오가지 않았을 텐데 말이다. 분명 생각에는 길이가 있음을 알 수 있게 한 일이다.

가끔 산 깊숙이 있는 절을 찾아가면 세월을 비켜가며 오래도록 묵묵히 서 있는 큰 기둥들을 보게 된다. 인고의 흔적이 켜켜이 쌓여 있는 것은 마치 고승의 가르침을 감내하고 있는 듯하다. 그러다 만나는 스님의 합장에 얼마나 먼 생각이 잠재해 있을까 궁금할 때가 있다. 시간이 바쁘다는 핑계로 그 생각들을 듣지 못하고 그냥 지나쳐 버리고 말지만, 돌아와서는 미욱하였음을 느낀 때가 더러 있다.

우리가 살아가면서 접하는 시비가 처음 시작할 때는 사소한 것에서 발단하여 앙숙이 될 만큼 커지는 경우를 본다. 이 경우는 그래도 작은 편이다. 요즘의 세상은 그냥 생각 없이 흘려보내는 생급스러운 막말들이 난무하고 있다. 더구나 위정자爲政者들이 하는 말은 너무 짧은 생각으로 하는 것 같아 불안하기까지 하다. 그런 말을 함부로 하는 당사자는 그 파장이 얼마나 클지를 예측이라도 하는지 모르겠다. 높은 자리에 앉으면 영원하리라 싶어 우쭐대는 것일까? 기껏 있어봐야 4 · 5년에 불과한데 시간이 짧으니까 먼 생각을 하지 못하는가 싶기도 하다.

21세기가 하늘 넓게 활짝 열려 있는 지금, 온 세상은 먼 앞날을 내다보며 경제력을 키우느라 야단이다. 그리고 국민은 자유가 보장된 편한 삶을 살게 하려고 안달인데, 고작 한다는 짓이 100년을 되돌려 놓고 잘한 것, 못한 것을 가려내려는 일을 벌여놓고 있으니, 시대에 너무나 뒤떨어진 생각을 하고 있는 것 같다. 게다가 꼬리를 흔들며 따라다니는 사람들의 행태도 가까운 생각으로 채우고 있으니 걱정스럽기만 하다.

과거사를 비판하고 부정에 매달려 이를 바로 세워놓겠다고 벼르는 이 나라의 지도층은 세계화라는 시대적 흐름을 거슬러 올라가는 사람들일까? 이들이 미망대는 언행을 보다 못한 사람들은 얼른 임기가 지나가기만을 기다린다고 하니 그 시간이 허송세월이다 싶어 더욱 아까울 뿐이다.

무지는 부정적인 면에서 우리 의식에 영향을 준다고 하지 않던가. 무지가 맑은 의식을 흐리게 하면 해로운 것이 무엇인지 알지 못하게 된다고 한다.

역사의 흐름으로 보아도 어느 때고 그 시대의 정신과 환경에 맞게 정사政事를 유지해 왔다. 늦었으나 지금은 선례를 깨달을 줄 아는 의식전환이 있기를 학수고대하는 국민의 눈빛을 바로 볼 때이다.

공자의 말씀 중에는 '군자는 말을 잘 하는 사람의 말에만 귀를 기울이지 않고, 말이 서툰 사람의 말에도 귀담아듣는다' 하였고, 또한, '군자는 말이 행함보다 앞서는 것을 부끄러이 한다' 고 하였다. 한마디 말에 천근의 무게를 달아야 한다는 잠언이라 여겨진다.

우리는 흔히 마음에 담아두고 행동해야 하는 말을 명언이라 한다. 그 말에는 오래 삭힌 고매한 인품을 담아 세상에 내어놓은 것이라서 찐한 감명을 받는다. 그런 말은 살아가면서 지켜야 할 덕목이라서 마음에 새겨두어야 함을 모르는 바 아니다.

성경이나 경전에 나오는 말들은 우리들 삶의 지침이 되는 것을 모르는 사람은 없을 터, 오랜 시간 갈고 닦은 먼 생각 끝에 만들어진 말이라서 더욱 빛나고 값진 것이다.

좋은 명언들이 마음을 살찌우고 행복의 길로 인도한다. 먼 생각으로 명상에 잠기면 세상은 맑고 밝고 영명하게 열리리라. 우리의 의식 안에 먼 생각을 채워 넣는 공부를 함이 좋을 듯하다.

시계 소리

초경初更을 지나 풀벌레의 울음마저 그치는가 싶으면 잠자리에 든다. 오늘따라 시계 소리가 힘껏 달리고 난 뒤 느끼는 심장박동만큼이나 크게 들린다. 출렁이는 리듬이 없어 흥이 나지 않지만, 그래도 고저장단의 소리만 끼어들면 아름다운 음악이 될 것 같다.

시계 소리는 언제나 일정하게 들리는 것이라서 별다른 의미 없이 지나쳐 버리는 일이 허다하다. 그런데 요즘은 잠을 청하는 시간이면 귓전에 와 머무는 때가 많다. 아마도 하루를 무사히 잘 넘겼는지 이것저것 챙겨보라고 타이르는 소리인지 모르겠다.

어떤 때는 "똑딱똑딱"하다가 "째깍째깍"하는 소리로 들리기도 한다. 좀 더 정신을 가다듬어 들어보면 "간다간다"라고 하는 소리 같기도 하다. 어디로 간다는 말인가. 삶의 끝자락을 향해 숨 가쁘게 달려가고 있는 소리인 듯하다.

시계 소리를 들을 수 없었을 때에는 생명의 한계를 모르고 살았을지 모른다. 차라리 의식 없이 무한한 삶을 꾸려 나갔던 때가 더 행복했을 것 같다는 생각이 든다. 이런 생각을 하다 보니 문득 미소가 떠오르는 추억이 시공을 가르며 다가온다.

내가 군대생활을 하던 시절이었다. 밤이면 적의 침입을 막기 위해 보초를 섰다. 긴장과 지루함과 달콤한 잠이 3박자로 괴롭혔다. 그때는 시계소리를 들을 수 없었다. 그때 내가 찾아낸 묘안은 노래로 시간을 지우는 방법이었다.

노래 한 곡(3분)×40곡 = 두 시간.

매일 저녁 보초를 서는 시간은 노래 40곡을 목 밖으로 뽑아내지 않고 불렀던 것이다. 그때 익힌 노래로 뒷날 노래자랑에까지 참가하는 실력으로 발전될 수 있었으니…….

그리고 아직도 내 귀에 아스라이 들리는 듯 시간에 대한 경구가 있다. 내가 직장을 갖지 못하고 있을 때였다. 아버지께서 "시간은 누구에게나 공평하다. 다만 어떻게 잡느냐가 관건이다"라고 하시면서, 당신의 삶을 나에게 심어 주셨던 말씀이다.

시계 소리는 사람마다 처해 있는 곳에 따라 다르게 들리는지 모르겠다.

내가 오래전 술을 마시다가 야간통행금지 시간에 걸려 경찰서 보호실에 갇힌 적이 있었다. 불과 서너 시간을 자성하며 기다렸는데 마치 며칠이나 되는 긴 시간 같았다. 시곗바늘이 어찌 그리 느리게 돌아가는지 애간장을 태웠던 기억은 이직도 머릿속에 남아있다.

그런데 고국을 떠나 먼 이국에 가 있거나 타향에서 고향을 애타게 그리워하는 사람들의 시계 소리는 얼마나 느리게 들릴까. 더구나 창살에 기대여 숨을 쉬고 바깥 소식에 목말라하는 사람에게는 더더욱 느리게 느껴지지 않겠는가. 그보다도 더한 것은, 전쟁으로 헤어진 이산가족의 시계 소리는 애타게 기다리는 통한의 울림일 거란 생각이 앞선다. 한으로 채워져 가는 시계 소리라서 실타래처럼 감기기만 할 것 같아서다.

어느 석학의 강연에서 들은 이야기이다. '10대 20대는 시계 소리가 완행열차 같더니만 60대에 들어서니 고속열차 같더라' 고 하는 이야기가 마음 한 자락을 채우고 있다. 그런가 하면, 여름날이면 목청껏 외쳐대며 우는 매미의 일생 이야기도 늘 마음을 떠나지 않는다. 6년이 넘도록 유충생활을 털고 세상에 나와 일주일 동안 살다가 환생의 길을 가는 매미의 삶이나 억겁의 시간으로 계산하면 인생 80년이나 무엇이 다르겠는가 싶을 뿐이다.

이 이야기는 얼마 전 광주 비엔날레에서 본 '시간의 강' 이란 작품을 통해서도 느낄 수 있었다. 작가가 전달하는 것은 시간의 흐름은 관념의 차이에 따라 빨라지거나 느려진다는 것이었고, 생멸의 연속을 통하여 새로워지는 세상을 볼 수 있음을 나타내고자 했던 것이다.

시간은 가두어 둘 수도 비축할 수도 없다는 말이 자꾸만 입안에서 맴돈다. 그러나 나는 살아가면서 시간의 아까움을 모르고 생명이 무한한 줄 착각한 때가 많았다. 지금껏 달려온 세월 속에 시계 소리를 들으며 산 시간이 얼마인지 모른다. 그저 앞날의 행복과 영광을 잡으려고 했던 시간의 연속이었을 뿐이다.

어둠이 내려와 밤이 깊어지면 고요 속을 헤치며 들리는 시계 소리. 천상에서 울리는 깨우침같이 공수래공수거空手來空手去라는 환청으로 나에게 다가온다. 일촌광음 불가경一寸光陰 不可輕이란 옛 성인의 가르침도 이제야 가슴 깊숙이 들어와 앉는다.

시계 소리를 들을 수 있는 날까지 사람답게 사는 길을 걷고 싶다.

삼백 년의 한恨

삼백 년의 기나긴 세월 동안 한을 쌓으면 하늘 높이 닿지 않을까? 그것도 바다에 떠 있는 섬에서.

섬사람들을 아름다운 자연과 더불어 낭만 속에서 산다고 말하지만, 그들 삶의 실상은 그렇지 않다. 차라리 그들은 애환을 씹으며 산다고 하는 것이 옳을지도 모른다.

한려해상에 떠 있는 수많은 섬들. 그 섬들 중에 아름답고 살기 좋은 섬 연대도는 가까운 해안에서 물고기와 해초가 많기로 이름나 있고 선사시대부터 사람이 살았던 흔적으로 패총이 남아 있기도 하다.

연대도는 1718년 삼도수군통제영의 수군 취사용에 쓰이는 해산물을 공급하기 위해 조정에서 사패지賜牌地로 지정하면서부터 한恨의 역사가 시작되었다. 그때부터 주민들은 해산물을 채취하여 공물貢物로 바치며 살아야 했다. 손수 채취한 해산물을 먹어보지도 못하고 공물로 바쳐야 했던 억울한 세월이 근 삼백 년이나 이어졌으니 그 한이 얼마나 쌓였겠는가.

세상이 바뀌어도 사패지는 통제영에서 충렬사로 소유자만 달라졌을 뿐 마음대로 사고 팔 수 없는 불매의 땅이었다는 것이다. 해방이 되고 나서 땅을 사겠노라고 충렬사에 수없이 호소했건만, 번번이 짤막한 '매각불가' 통지서 한 장뿐이었단다. 내 땅 위에 떳떳하게 내 집 한번 짓고 살아보겠다는 그들의 꿈은 산산이 부서질 수밖에 없었고, 그나마 손질하는 일마저도 마음대로 할 수 없었으니 쌓이는 것은 원망과 한뿐이었으리라.

통영군청으로 충렬사로 신발이 다 닳도록 찾아다녀도 누구 하나 아픈 가슴을 시원하게 풀어주지 않아 불신의 응어리만 잔뜩 채워가며 살았던 이야기다.

내가 통영군청에 근무할 때였다. 그들의 세찬 두드림이 해결되려는지, 마침 고향 출신 부군수가 부임하게 되었다. 주민들은 하늘이 내려준 절호의 기회라며 사패지 해면건의서賜牌地 解免建議書를 들고 찾아왔다. 부군수께서 연민의 정으로 향인들을 위로하며 삼백 년의 숙원을 꼭 풀어드리겠다고 확약했던 것이다.

사패지에서 벗어나려면 충렬사로부터 땅을 사야만 한다. 그러나 충렬사는 문화재로 지정되어 있고 거기에 딸린 재산을 매매하는 데는 몇 가지 어려운 절차가 있다.

먼저 충렬사의 평의회, 이사회, 총회를 차례대로 거쳐 땅 매각을 가결하여야 하고, 이어서 문화재 재산 처분승인을 도지사로부터 받아내야 한다.

이처럼 여러 단계를 거쳐야 하는데, 그 첫 단계인 평의회에서부터 실마리가 잘 풀리지 않았으니……. 그것은 '연대도 사패지 매각의 건'이 상정되자마자 별다른 의논도 없이 부결되고 말았던 것이다.

한을 속으로 채운 나머지 새까만 얼굴로 지켜보던 주민들이 원망의 눈길을 회의장에 쏟아 부으며 무거운 발길을 돌리는 순간, 그들의 아픔이 내게로 전이되는 것을 느낄 수 있었다.

그토록 오랜 세월 사람답게 살아보자고 애원하는 소리가 평의원들의 귀에는 들리지 않았을까? 그들의 한 맺힌 푸념이 내 귀를 때릴 때, 번뜩 불같은 오기가 치솟으며 해결의 방안이 떠올랐던 것이다. 그것은 스무 명 평의원을 개별로 찾아가서 담판을 짓는 일이었다.

담당 직원과 함께 따갑도록 머리를 강타하는 한여름의 햇빛을

맨몸으로 싸안으며 집집마다 찾아 다녔다. 어떤 분은 네 번이나 찾아가서 겨우 만나기도 했다. 땀방울로 샤워한 모습에 그렇게 완강하던 고집이 무너졌을까. 서서히 얼음 녹듯 마음을 열기 시작했던 것이다.

이 일에는 부군수도 측면 지원을 아끼지 않았다. 양면작전을 펴면서 끈질긴 설득은 이어졌고, 1년여의 시간이 흘러서야 세 단계의 절차를 차례대로 해결해 낼 수 있었다. 그때서야 몇 번이고 시도했던 종전의 일들이 중단되었던 이유를 알 것 같았다.

이제 겨우 반을 성사시켰는데 주민들은 땅주인이 된 것처럼 밝게 웃으며 그동안의 아픔을 하나씩 내려놓기 시작했다.

그 이후에 경상남도의 문화재재산 처분승인, 부동산 감정의 절차를 일정대로 마쳤으나, 또다시 불거진 땅값 문제로 몇 달을 버텨야 했다. 그렇게 참아왔던 울분의 시간이 다시 이어졌다. 그러나 '싸움에 이기려는 자는 한 발 물러설 줄 안다'는 말처럼 참고 견딘 그들에게 땅이 돌아왔던 것이다.

2년여의 긴박했던 시간이 흘러가고 '사패지'라는 이름을 떼어내자, 오랜 시간 너무나 힘겨웠다며 푸념을 터뜨리는 얼굴에 동백꽃처럼 빨간 미소가 피어나는 것을 볼 수 있었다. 그 순간은 한평생을 더 사는 기분으로 맺혔던 한을 씻어내던 중이었으리라.

이제야 앞서 가신 조상들의 영혼을 편히 쉬게 할 수 있겠다며 안도하던 그들. 일그러진 토담집을 헐고 새집으로 단장하며 새 삶을 열어나가게 되었다. 그들은 곧바로 '사패지해면기념비'를 세우고 〈마을의 날〉을 정했다. 그날은 잔치를 벌이고 덩실덩실 춤을 추며 삼백 년의 한을 한꺼번에 털어 내었다

이제 기나긴 설움과 아픔의 터널을 벗어나 새롭게 마을을 만들어 나가는 연대도는 '어려움 뒤의 결실은 더 값진 보람을 얻는다.'는 진리를 터득하고 앞서가는 섬으로 변신하고 있다.

'꿈은 현실을 맺는 지름길'이라고 하지 않았던가. 오랜 기다림 끝에 그들의 꿈이 하나씩 결실을 맺게 되리라 기대해도 좋을 것 같다.

삼백 년의 한이 연대도의 동백꽃에 묻어 더욱 붉게 피어나리라.

은목서

새벽 산책을 나갈 때 화단 근처에서 은은하게 묻어오는 가을 향기를 맡는다. 밤새 내려앉은 별들의 속삭임과 함께 은목서가 뿜어내는 꽃향기가 오감을 더욱 맑게 한다.

은목서는 상록관목으로 잎 끝에 뾰족한 가시가 달려 있어 사람들이 쉽사리 다가가기를 꺼려하는 나무다. 그래도 가을이 되면 은빛을 닮은 꽃이 잎 사이에 매달려 향기를 내뿜는다. 보일 듯 말 듯 잎에 가려서 뿜어대는 꽃향기는 다른 어느 것보다 진하다. 그래선지 더러 고운 손길을 접하며 늠연한 자태로 서 있기도 하다.

이른 새벽, 맑은 공기와 함께 은목서 향을 맡으니 삼십 년도 넘은 웃지 못할 이야기 한 토막이 묻어온다.

지방의 작은 도시에 부임한 시장市長이 은목서 향기에 너무 취

했던지 좁은 도로변에 가로수로 심은 일이 있었다. 그때, 차도는 한적했으나 인도에는 은목서로 인해 다니는 사람끼리 부딪치는 일이 자주 일어났다. 가시에 찔리고 심지어는 눈가에 상처를 입는 사람이 생겨나다보니 시민들의 입에서 '눈 빼먹을 시장'이라는 말이 회자되기도 했다. 그런 후 얼마 지나지 않아 가로수로서 운명을 다하고 공원 한쪽에 초라하게 서 있는 신세로 전락하고 말았던 이야기다. 물론 시장도 다른 곳으로 좌천되고 말았으니 어쩌면 그 나무와 시장자리가 같은 운명을 타고난 기연奇緣이었을까.

향기가 아무리 좋은 나무라도 제자리에 심겨야 제값을 하는데 어이없는 해프닝이 일어났으니 시민은 시장에게 얼마나 욕을 했는지 모른다. 그래도 향기만큼은 끝내준다며 칭찬하는 사람도 있었으니 그 말에 조금은 위로가 되었으리라. 사람은 물론 나무도 제자리가 있고 그 자리를 잘 지키는 일이 정도正道임을 가르치는 듯싶은 이야기다.

은목서의 가시가 아픈 상처를 남긴다면 향기는 다정다감한 손길이듯이, 향기만을 믿고 가시를 보지 못하는 어리석음을 질타한 깨우침인 줄 안다. 더구나 양면성을 지닌 사람과의 접근을 경계하라는 계시일 것 같기도 하고…….

한 발씩 내딛으며 은목서에 다가가는 순간, 나는 어떤 사람이었던지 지난 삶을 더듬어 본다.

나는 가시처럼 남을 아프게 했거나 상처를 준 사람은 아니었을까, 아니면 향기라도 내뿜는 사람이었을까? 따져보면 가시는 아니었는지 몰라도 향기는 없었던 것 같다. 마음 같아서는 은목서처럼 겉으로 치장한 가시가 아니라 내면에서 우러나는 순수하고 맑은 향기를 지닌 사람이었으면 좋았으리라 싶다.

향기를 싫어하는 사람은 아무도 없으리라. 꽃향기는 한갓 미물도 좋아서 임을 찾아다니듯 하는데 사람인들 오죽하랴. 그래서 꽃향기에 취하면 화폭에 담거나 꺾으려 하는지 모르겠다.

흔히들 살아있는 것은 모두 향기를 내뿜는다고 한다. 그런 향기 중에서 사람의 향기가 가장 큰 마력魔力을 지니고 있다지 않던가. '사람의 향기란 맑고 조출하게 사는 인품에서 저절로 풍겨 나오는 기운' 이라는 말이 더욱 가슴을 따습게 하는 것 같다.

요즘 매스컴을 통해 향기로운 소식을 종종 듣게 된다. 이처럼 전해지는 일 말고도 세상에 알려지지 않은 선행은 더 많을 테지만, 선행은 크고 작음에 연연치 않고 맑고 순수하면 더 좋을 듯하다.

인정이 넘치는 향기로운 세상, 이런 세상이 천국이요, 극락이 아니겠는가. 그런 사람이 진정 부처요, 하느님인 것을.

은목서는 가시보다는 향기로 더 가까이 접근하는 것 같다.

나는 가시는 없고 향기만 은은하게 내뿜는 사람이 되었으면 좋으련만…….

천 원의 가치

얼마 전, 시내버스 안에서 있었던 일이다. 나이 드신 할머니가 채소 보따리를 한 아름 안고 시장에 가는 것 같았다. 집에서 분명 차비를 챙겨 넣은 줄 알고 버스를 탔는데 돈이 없어 낭패스러워했다. 위아래 호주머니마다 몇 번이고 뒤져도 빈손으로 돈은 나오지 않았다. 갑자기 당황한 얼굴엔 몹쓸 짓을 한 사람처럼 온통 뉘우침으로 가득 찬 듯싶었다. 단돈 천 원이면 해결될 일인데도 안달하는 표정은 진솔함이 묻어 있었다. 버스가 달리자 내리고 싶어도 어쩌지 못했다. 생각지도 못한 위기(?)라 대처할 방법이 궁색했는지, "이 바보 같은 것이"라는 말을 연신 쏟아내었다. 그러면서 이곳저곳을 두리번거렸다. 행여 아는 사람이나 구원자를 찾는 것 같았다.

이런 광경을 몇몇 승객이 바라보며 주머니를 뒤지고 있었다. 내가 지갑을 꺼내 천 원을 집으려 할 때였다. 한 아주머니가 나보다 더 빠르게 천 원을 할머니에게 드리는 것이 아닌가. 고마움과 미안함이 교차하는 얼굴로 돈을 받아 얼른 요금 통에 집어넣었다. 그런 뒤 한숨을 크게 내쉬면서 불안한 마음을 내려놓는 듯했다. 할머니의 행동은 얼마나 긴장했던지 알 수 있는 몸짓이었다. 눈가에 진한 물이 고인 채 돈을 건네준 사람에게 고맙다는 인사를 했다. 그리고는 "어디에 사는 누구신지 꼭 갚아 드리겠으니 가르쳐 주이소"라고 몇 번이나 물었다. 아주머니는 괜찮다면서 따스한 미소를 지었을 뿐이지만, 천 원을 건네 준 손은 착하고 예뻐 보이기만 했다. "이승에서 못 갚으면 저승에서라도 갚아 드릴게요."라며 절하는 모습은 순수함 그대로였다.

할머니의 말씀에서 묻어난 진정성은 천 원을 기부한 선행까지 보태져 버스 안은 환하게 밝아졌다. 그 순간은 천 원의 가치를 예사롭게 여기는 우리 사회의 편견에서 벗어나는 시간이었고, 모두들 흐뭇해하는 면면이 보기 좋았다. 잠간만이라도 훈훈한 기운이 살아 있는 세상임을 보여준 짧은 드라마였다.

할머니는 그렇게 구차하게 사는 사람은 아닌 듯싶었다. 오래전부터 물건을 내다 팔아 돈을 장만하는 장사꾼 같았지만, 여유 있는 풍모를 지니고 있었다. 하지만 갑작스런 일로 당황했던 눈빛은 지푸라기라도 잡으려는 사람 같았다.

한순간의 일로 40여 년 전 내가 겪었던 기억이 떠올랐다.

밖에서 일을 마치고 집으로 가는 버스를 탔을 때였다. 돈이 있는 줄 알았는데 지갑이 비어 있었다. 잠시 당황해 할 때 이웃 마을 아는 분이 차비를 대신 내주어 간신히 위기를 모면했던 일이다. 그때 내 머릿속에는 차비를 못 내면 어떻게 될까? 라는 의문과 함께 학창시절 무임승차로 인한 아픈 사연까지 덩달아 연상되었다. 며칠 뒤 그 돈을 갚았지만 다시 떠올리고 싶지 않은 바보스런 짓은 오래오래 머릿속을 채우고 있었다.

이번 일은 예전에 내가 받았던 은혜(사람은 다르지만)를 갚을 수 있는 호기였는데 놓치고 말았으니, 돈을 빨리 꺼내지 못한 후회가 그날 내내 마음속에서 맴돌았다. 그리고는 이럴 때 판단이 더딘 내 성격을 탓하며 앞으로는 민첩하게 행동하리라 몇 번이고 다짐했다.

천 원은 누구나 쉽게 주고받을 수 있는 돈이다. 요즘 우스갯소리로 '천 원은 개도 안 물고 간다' 는 말이 있을 정도로 잔돈 취급을 받는다. 더구나 세뱃돈도 천 원은 거절한다는 말까지 있지 않은가. 하지만, 천 원이 모여 만 원이 되고, 더 큰돈이 됨을 모르지 않는다. 어느 것 하나 작은 것에서부터 시작하지 않는 것이 없듯이 말이다. 다만, 예사로 여기는 데서 빚어지는 편견일 뿐. 어찌 천 원의 가치를 아무렇게나 논할 수 있으랴. 옛 어른들은 땅을 수십 질 파도 천 원이 나오지 않는다고 했다. 돈은 쉽게 얻어지는 것이 아님을 우회적으로 나타낸 말이지만 깊이 새겨들어야 하지 않을까.

선뜻 내어놓을 수 있는 천 원은 많지 않아도 그 쓰임에 따라 가치가 다름을 알 수 있다. 많고 작음을 떠나 그런 선행을 베푼 사람은 세로토닌(도움 에너지)이 생겨 우울증을 치료하는데 도움이 된다고 하니 얼마나 유익한 일인가.

그날처럼 선의를 베풀던 일들이 우리 사회에 더 많이 더 넓게 번져갔으면 얼마나 좋을까. 그것이 우리 모두의 작은 소망이라 싶어서다. 점차 각박해지는 세상이라 해도 아직은 인정이 넘치고 있어 더욱 아름다웠던 순간, 서로 돈을 내려고 하는 일은 사람의 향기가 은은히 퍼지는 작은 행사처럼 보였으니 말이다. 천 원에 지나지 않지만, 돈의 액수가 행복의 크기와 비례되는 일은 아님을 알리는 일이었으니 더욱 그렇다. 작은 정이나마 서로 나누며 사는 일이 얼마나 아름답고 훈훈한 세상인가를 새삼 느끼게 했다.

천 원으로 밝은 세상을 만들듯 그 가치를 깊이 새기면 좋으리라 싶은 하루였다.

신호등

요즘 들어 내 마음이 왜 그렇게 조급할까 하고 후회할 때가 있다. 새벽이 채 열리기도 전에 자가용을 운전할 일이 생겨 밖으로 나가게 된다. 차에 오르면 언제부턴가 나도 모르게 페달을 세게 밟는 버릇이 생겼다. 어디 급하게 오라는 데가 없어도 발끝에 힘이 실려 속도를 높이기 일쑤다. 그럴 때 걸리는 것이 빨간 신호등이다.

도로에 차들이 다니지 않아도 신호등은 빨간 눈망울을 밝히고 서 있다. 마치 어른들이 "이놈"하고 말하듯 자리를 지키고 있는 모습이다. 이럴 때 잠시 브레이크를 밟다가 아무도 보이지 않으면 슬그머니 그냥 지나치게 되는 경우가 있다. 마치 남의 물건을 호주머니에 넣으려 하듯 흑심黑心이 발동해서 그런지 모른다. 이러고서 얼마를 달리다가 법을 어겼다는 후회와 수치감에 얼굴을 붉혔던 기억이 선하다.

신호등은 길가에 우두커니 서 있어도 언제나 친절한 옆집 아저씨 같다. 안전하게 운전하라며 안내해주는 도우미라서 그런가 보다. 추우나 더우나 길가에 버티고 서서 늘 자기 임무를 다하는 성실한 지킴이다. 이런 도우미로 인해 우리는 뒤엉키는 혼란을 막을 수 있으니 얼마나 좋은가. 누가 이렇게 밤낮으로 봉사를 할까 싶어 고맙기 그지없다.

불빛에 따라 가다 서다를 지켜야 함이 약속이고 도리다. 그런데 빨간 신호등이 켜져 있어도 쌩쌩 달리는 자동차를 가끔씩 보게 된다. 운전대를 잡으면 맹수가 된다는 말처럼 신호등쯤은 있으나 마나 무시해 버리는 사람의 소행이다. 내가 정차해 있을 때 그냥 달리는 차 몇 대를 보게 되면 나는 준법자인가, 아니면 바보인가 판단이 흔들린다. 이럴 때는 나도 모르게 튀어나오려는 욕설을 참느라 애를 먹는다.

빨간불이 켜지고 잠간 멈추라는 것은 마음 챙김을 통해 더 큰일이 일어나지 않도록 하라는 메시지라 싶으면 그렇게 편할 수가 없다. 그러나 신호등을 어기고 달리는 운전자는 잠깐 멈춤이 뒤처지는 낙오자가 된다 싶어서일까. 그보다는 제 하나 안 지킨다고 어떠랴 하는 무례함에서 생겨나는 자기방기일지 모른다. 무슨 일이든 사회적 규범을 위반하는 행위가 거듭되면 스스로 부정하는 심리적 이탈현상이 생긴다고 한다. 그걸 무시하면 더 큰 일을 저지를 수 있다는 경고만은 모두가 깊이 새겨둘 일이라 싶다.

나는 신호등 불빛에서 계절의 감각을 느끼는 때가 많다. 푸른 신호등이 계속 이어지는 경우, 따스한 봄날 같은 기운이 스며들고 마음이 그렇게 편할 수가 없다. 그저 마음 놓고 달릴 수 있다는 안도감과 함께 살포시 내 생의 건강 신호로 가슴에 다가오기 때문이다. 푸름에서는 안전하고, 신선하고, 건강함이 파도처럼 밀려옴을 느낄 수 있다. 그래서 운전할 때마다 계속 푸른 등만 켜져 있기를 은근히 바란다.

그와 다르게 빨간 신호등이 켜져 있으면 나신으로 서 있는 겨울나무 같아 보인다. 차가운 날씨 탓에 사시나무 떨듯 불안해 보여서 일까. 게다가 빨간불이 연이어지면 짜증이 나고 끈기가 부족한 나를 시험하는 것 같아 신경이 날카로워 진다. 이런 불빛을 보면 오래전 악몽이 되살아나 브레이크를 힘차게 밟게 된다.

내가 빨간 신호등을 보고 정차해 있을 때 느닷없이 내 차의 꽁무니를 세게 치는 사고가 있었다. 차가 크게 부서지고 사람이 다쳤던 일이다. 그때의 환상喚想은 지금도 자동차 사고와 더불어 예고 없이 닥칠 두려움으로 이어지곤 한다.

중국에 갔을 때 겪었던 일화도 잇따라 연상된다. 신호등이 없고 단속하는 경찰도 보이지 않을 때의 일이다. 그저 마구잡이로 달리던 기사의 난폭한 운전은 승객 모두의 생명쯤은 아예 안중에 없는 것 같았다. 마치 후진사회의 본보기를 보여 주는 듯 어설픈 행동이었다. 이 일로 인해 내 안의 공맹사상孔孟思想이 한순간에 무너짐을 느끼기도 했다. 그때 오른쪽 다리에 힘이 들어가 며칠 동안 아팠던 일은 운전할 때마다 떠오르곤 한다.

신호등 하나로 국가의 격을 가늠하기는 어렵겠지만, 이를 지키지 않아 생기는 교통사고가 늘어나고 있다는 얘기다. 더구나 나이가 젊을수록 신호등을 지키지 않는다는 통계는 어두운 미래를 예고하는 것 같아 마음이 편치 않다.

'마음의 여유가 안전의 보루' 라는 말이 있다. 신호등을 지키는 일은 여유롭고 느긋해야 한다. 빨리 빨리 서두는 조급함에서 벗어나서 '잠깐 멈춤' 으로 내 위치를 확인하는 일은 더없이 좋다. 늘 우보천리牛步千里라는 말도 함께 되새겨 가면서 말이다.

조금만 기다리면 될 일을 서둘다 일어나는 사고, 이런 일을 통해 일본에서 보았던 자동차운전 의식이 타산지석으로 남는다.

오늘도 내 의지를 시험하듯 빨간 신호등이 불을 밝히고 있다.

흙과의 약속

나이가 들어갈수록 흙에 다가가는 일이 자주 생겼다. 아마도 나의 귀의를 허락해 줄 곳이라서 그런가 보다.

내가 흙을 자주 만지게 된 데는 아내의 권유가 있어서다. 몇 년 전부터 집에서 조금 떨어진 곳에 텃밭을 일구었다. 거기서 몇 가지 먹을거리를 장만하다 보니 발길이 잦아질 수밖에 없었다. 텃밭을 찾아갈 때는 언제나 아내와 일심동체가 된다. 누가 먼저랄 것도 없이 시간을 정하여 걸음질을 한다. 그 시간은 마음을 열어놓고 다가가는 만큼 기쁨을 가슴에 채울 수 있다.

밭에서 일하는 시간은 힘이 들어도 무념 · 무상의 시간이 된다. 길지 않은 사래를 갈다가 문득 알토란 같은 결실이 그려지면 온몸에 힘이 솟는다. 그런 연속은 건강한 육신을 갖게 되고 행복마저 덤으로 얻을 수 있다. 이처럼 즐거운 시간들이 끊임없이 일어나는 일은 살맛나는 세상인 것이다.

씨앗을 뿌리고 며칠이 지나면 새 생명이 태어난다. 그 모습은 환희요 거룩한 신화神化다. 노란 떡잎을 뽑아 올리는 저마다의 괴력怪力을 보면 온 세상을 다 얻은 황홀함이나 다름없다. 생명의 신비는 거기서 그치지 않는다. 오직 생존경쟁의 날선 공방을 거쳐 살아남아야 한다. 그리고 달려드는 병해충과도 싸워 이길 수 있는 힘을 스스로 길러야 한다는 점이다.

이런 과정을 통해 인간과의 관계를 터득하게 된다. 기름진 흙에서 솟아난 떡잎을 보면 부유한 집안 아이들이 연상되고, 푸석푸석해 보이는 잎은 어쩐지 고달픈 삶이 눈에 어른거린다. 삶의 조화는 상호 비유를 통해 진리에 접근해 갈 수 있다는 것을 쉽게 깨달을 수 있다. 이처럼 건강은 튼실한 결실로 귀결된다는 단순한 원리가 공식처럼 머릿속에 채워진다.

흙을 사랑하고 친하게 지내다보면 내면의 아픔을 토하는 소리를 들을 수 있다. 세끼 밥을 먹지 못해 말라비틀어진 사람처럼 푸석거리는 흙에서는 연약한 싹들이 질병으로 신음하기 예사다. 퇴비 넣고 잘 삭힌 흙은 기름기가 흐르고 무엇이든 싱싱하게 자란다. 하지만, 조급하게 소출을 높이려는 소갈머리 없는 짓거리 – 과다한 비료 시용 – 에 흙은 쉽게 늙어 버리고 만다. 단것에 길들여지면 금세 변하는 입맛과 다르지 않은 현상이 일어난다.

단맛으로 인해 당뇨병을 앓고 있는 사람들을 주위에서 보기는 어렵지 않다. 면역이 떨어지다 보니 숱한 질병들이 엄습해 온다며 늘 걱정을 앞세우고 살아가고 있는 이들. 이를 보면 흙이나 사람이나 개체는 달라도 원리는 다르지 않음을 쉽게 알 수 있다.

나는 비료보다는 퇴비거름으로 흙의 기운을 북돋우는 데 더 심혈을 기울인다. 늘 가슴속에는 예전에 산야초를 베어 퇴비를 만들었던 기억으로 충만해 있어서다. 그 당시에는 마을마다 퇴비증산 운동을 벌이고 상賞마저 내려 지력을 유지하는데 너나가 없었다. 그리고 명줄을 이어가기 위해서는 오직 흙을 가까이하고 많은 땀을 흘려야 했다. 그때의 땀은 지력을 높이고 건강한 체력까지 안겨주던 원천임을 깨달은 것은 시간이 한참 흐른 뒤였다.

지금 생각해 보면 아직도 내가 산을 쉽게 오를 수 있는 힘은 어릴 적 풀을 베러 산을 찾아다녔던 근력이 남아 있어서일 것이다. 지게는 늘상 등허리에서 떠날 날이 없었고 배고픔에서 벗어나려고 발버둥 쳤던 일들, 지금도 기억 저편에서 되새김질할 때가 더러 있다.

무슨 일이든 성심을 다하면 어려운 일도 해낼 수 있음을 터득하기는 그때였으리라. 몸은 힘들어도 농사일을 마친 뒤의 마음은 늘 편안하지 않았던가. 자면서 심한 몸부림을 쳤어도 꿈은 행복을 담보하는 미래의 희망이 영그는 일이었다. 그때는 얼마만의 자금이 생기면 한 뙈기 전답이라도 사서 보태는 재미가 쏠쏠했고, 부농富農 소리를 듣는 일도 최선이라 생각했다. 그러나 그런 꿈을 다 채우지 못하고 다른 길로 빠져나오고 말았으니 회한이야 잠시 스쳐 갈 뿐, 지금은 한갓 지나간 추억에 불과한 일이다.

이제 인생 만추에 이르고 보니 새삼 떠오르는 것은 부농이 아니어도 흙과 가까이 지낼 수 있는 시간을 가지고 싶은 일이다. 이 일은 내가 먹을거리를 손수 장만하고 마음 놓고 먹을 수 있다는 즐거움을 얻게 되는 일이라서 그렇다.

그래서 흙에게 말한다. 더 자주 다가가고 더 좋은 퇴비를 먹일 것이며, 잡초를 뽑고 해충을 잡을 것이라고……. 그러다 보면 작물을 건전하게 키우는 작은 소망을 이룰 수 있지 않겠는가.

흙은 답하리라. 자기를 사랑하고 진솔하게 보살펴 준다면 그 은덕을 반드시 갚을 것이라고 말이다. 싱싱한 이파리, 튼실한 열매, 그 어느 것 하나 빠뜨리지 않고 보답하리라 약속할 것이다.

흙을 만지면 자식을 키우던 정성이 자꾸만 떠오른다. 그리고 흙은 거짓말을 하지 않는다고 믿는 내 마음도 더 가뿐해진다.

네 번 째

두릅나무의 눈물

머리가 하얗게 센 할머니가 아스팔트 바닥 위에서 땀을 흘리며 채소를 팔고 있었다. 남은 삶을 살아가는데 쓸 돈을 장만하느라 그러겠지만 얼마 되지 않은 돈을 주머니에 넣으면서 미소 짓는 모습이 아름다워 보였다.

그 할머니의 미소

사람의 욕심은 한계가 있을까.

욕심을 가지고 있지 않은 사람은 없다고 한다. 다만, 그 크기와 방향에 따라 차이가 다를 뿐, 저울에 달 수도 없고 그릇에 담을 수도 없는 무형인 것이란다.

사람이 세상에 태어나면서 터뜨리는 울음은 엄마에 대한 애정 욕구와 먹고 싶은 식욕을 갈구하는 몸부림일 것이다. 그래서 출생은 곧 욕망이란 등식이 성립하는지 모르지만…….

욕심은 재물에 대한 것을 제외하고는 낼 만하다는 생각이 앞선다. 흔히, 예술에 대한 욕심이라면 이 세상에서 가장 아름다운 것을 만들어낼 수 있고, 제일 큰 것을 만들 수도 있으리라. 평생 동안 자신의 혼을 불어넣어 만든 작품이라면 욕심을 채우는데 어느 정도 만족할 수 있지 않을까 싶어지니 말이다.

우리가 말하는 욕심은 보편적으로 재물에 대한 것임을 의미한다. 사람이 이 지구상에 나타났을 때에는 의식주만 해결하면 되었으리라. 그러나 장구한 세월 진화과정을 통하여 재물에 대한 욕심이 생겨나고 그것이 더 큰 욕심으로 변화하였다는 이야기를 들은 바 있다. 욕망이 인류 발전의 힘이요, 부를 창조하는 원천이라는 말도 그렇다. 하지만, 발전을 위한 욕망의 끝이 어디쯤인지 아무도 알지 못한다는 데는 수긍하지 않을 수 없다.

최근 들어 도박이 극성을 부린다고 한다. 도박은 경제 불황일수록 더 심하다는 이야기는 한탕주의에 매몰되어가는 인간의 심리적 현상을 대변하는지도 모른다. '돈이면 무엇이든 가능하다' 는 물질만능의 시대에는 한탕주의가 더 활개를 친다고 하니 새겨들을 만하다.

언젠가 신문에서 도박범죄로 적발된 건수라든지, 경마나 카지노의 매출이 늘어난다는 기사를 읽은 적이 있다. 사행심을 좇아 대박을 꿈꾸는 사람들이 유혹의 바다에 빠져드는 현실은 '재수가 좋으면 팔자까지 고칠 수 있다' 는 실낱같은 희망에 매달려 모험을 벌이는 곡예일 수도 있다.

비록 크지 않지만 내게도 욕심은 더 큰 화를 불러왔던 기억이 떠오른다.

'고 스톱' 이라는 신종 화투놀이가 나오고부터 한동안 재미로 매달렸던 때는 밤이 새는 줄도 몰랐었다. 세 사람만 모이면 판을 벌였으니 그때는 과히 '고 스톱 전성시대' 라 할 만큼 유행했다. 다른 사람의 주머니를 털어 내 주머니에 넣겠다는 심보는 도심盜心이 아니고 무엇이겠는가. 그러다가 내 주머니에 있던 돈을 몽땅 잃고 나서 후회해 본들 아무 소용없는 일임을 알고도 자꾸만 끌려들어 갔던 일이 있었으니 말이다.

막연히 요행을 바라는 '한방인생이나 한탕주의' 란 말이 머릿속을 헤집는다. 정직하게 사는 것보다 부자 되는 게 더 중요하다는 청소년들의 설문조사도 그렇지만, '감옥에서 10년을 살아도 10억 원을 번다면 부정을 저지를 수 있다' 고 하는 대답은 무엇을 의미하는가. 젊은이들이 쉽게 돈 벌고 편하게 성공하는 것을 추구하고 있다는 게 문제라면 문제일 수 있다. 머리가 좋은 엘리트일수록 빠른 길을 가고 싶어 한다는 말은 우리 사회에 만연하고 있는 한방인생과 무관하지 않은 것 같다. 더군다나, 세계는 지금 경제 전쟁이라도 할 듯이 아귀다툼을 벌이고 있는 것을 보면 더욱 그런 생각이 든다.

경제가 발전하면 우리의 삶을 윤택하게 해줄지는 모르지만, 삶의 질을 높여주는데 절대적인 것이 아니라는 말이 상기된다. 이런 생각 끝에 문득 골목시장에서 있었던 일이 되살아난다.

머리가 하얗게 센 할머니가 아스팔트 바닥 위에서 땀을 흘리며 채소를 팔고 있었다. 남은 삶을 살아가는데 쓸 돈을 장만하느라 그러겠지만 얼마 되지 않은 돈을 주머니에 넣으면서 미소 짓는 모습이 아름다워 보였다. 그런 모습 뒤에 그려지는 것은 돈의 많음이 행복의 전부일 수 없음을 증명하는 내면의 표출이라 여겨졌다.

길바닥에서 천 원짜리를 세는 할머니와 수백억 원을 주무르는 사람 중에 어느 쪽의 행복지수가 높을까? 행복은 자기만족의 심리적 작용에 의한 것이지 결코 돈의 많음에 달려 있는 것은 아니라는 말이 진리가 아니던가. 이를 뒷받침이라도 하듯 각종 매스컴에서는 경제적으로 못 사는 나라일수록 행복지수가 높다는 통계를 자주 보도하고 있는 것만 보아도 알 것 같다.

천 원짜리 지폐 한 장에 할머니의 행복이 담겨 있음을 보았다. 할머니의 잔잔한 미소가 내 가슴을 가득 채운 하루였다.

운전면허증에 얽힌 기억 하나

사람의 운명은 태어나면서 결정된다고 한다.

그렇다면 교통사고로 인하여 죽음을 자초하는 일도 그 사람의 사주팔자와 연결된다고 할 수 있을까?

교통사고로 인한 사망률이 세계 제1위라는 우리나라, 교통사고 공화국이라는 오명을 얻게 되었다고 떠들어댄 지 오래다. 자동차는 여러 가지로 유익한 점이 많지만, 그로 인해 일어나는 불상사도 많이 생긴다. 그중에 법 규정이나 질서를 제대로 지키지 않은 데서 일어나는 사고가 제일 많다고 한다. 이는 당사자의 운전습관이 삐뚤어진데서 생기는 일이 대부분이란다. 문제는 단 하나밖에 없는 목숨까지 잃게 되는 엄청난 불행을 자초하게 된다는 점이다.

어디선가 들었던 어느 노인의 이야기가 떠오른다.

그 노인은 수십 년 동안 자동차를 운전해오면서 애마(자가용)의 아픈 곳, 가려운 곳을 찾아내어 다독여 주었단다. 이 세상을 빨리 하직하고 싶으면 빨리 달리면 된다며 자기는 오래 살고 싶어 천천히 운전을 한다고 했다.

그 이야기를 상기하면 갑자기 붉은 핏물로 뒤범벅이 되었던 사고 현장이 영상처럼 떠오른다. 내 나이 서른아홉, 공무원으로서 승진의 영예를 얻기 위해 수원에 있는 행정연수원에서 6개월 장기교육을 받을 때의 일이다. 교육과정은 5급 승진을 위한 필수과목에서부터 심신소양, 운전면허취득까지 다양한 프로그램으로 짜여 있었다.

행정의 변화에 발 빠르게 대응하는 길은 자동차 운전도 한 방편이다. 그래서 운전면허가 연수과목으로 채택되었으리라 싶다. 나는 짜인 일정대로 부지런히 운전연습을 하며 시험일이 다가오기만을 기다렸다.

시험일은 한여름을 재촉하는 7월 초이레, 그날은 아침부터 햇살이 포근히 감싸 주었다. 아침식사를 끝내고 시험장인 인천으로 달려가기 위해 연수원 버스를 탔다. 연수원을 출발한 버스가 정문을 통과하고 서울-수원 간 산업도로에 막 진입하려는 순간, 번개같이 달려온 직행버스와 부딪쳤던 것이다. 우리가 탄 버스는 몇 차례 흔들거리다가 도로 한복판에 드러눕고 말았다. 정말 눈 깜짝할

사이에 일어난 청천벽력이요 아비규환이었다.

잠시 잃었던 정신을 차리고 일어나니 동료 몇 사람이 머리를 다쳐 쓰러져 있었다. 걸음마를 할 수 있는 동료들은 붉은 옷을 입은 채 밖으로 나갔다. 나도 그 사이를 뚫고 나왔다. 내 옷에도 피가 낭자하였지만 다행스럽게 별다른 부상은 없었다.

그 사고로 사망자가 2명이고 중경상자가 무려 30여 명이나 되었다. 죽은 동료의 자리는 버스의 왼쪽 뒤편 창가였다. 한 자리는 다른 사람이 먼저 올라와서 앉았다가 양보해 달라고 해서 자리를 옮겼다고 했다. 양보 한 사람은 미덕도 살리고 죽음도 면하게 되었으니 특별히 천운을 타고난 사람이었는지 모른다.

사람은 운명이 닿으면 피할 수 없다고 하는 이야기를 들은 적이 있다. 그 한순간의 선택이 삶과 죽음을 갈라놓은 것이다. 그때 만약 내가 그 자리에 앉았더라면 같은 변을 당했을까? 그런 생각을 할 때마다 등골이 오싹해지기까지 했다. 다행히 죽음을 면한 나는 아직 저승사자가 데려가기는 이르다고 판단했는지 그저 감사할 뿐이다.

운전면허시험은 두 달 뒤에 다시 치러졌다. 나는 첫 도전에서 합격했다. 그러고는 크나큰 마음의 상처가 새겨진 피 묻은 면허증을 받아들고 돌아와 복직하게 되었다.

몇 년 뒤 중고 승용차를 사고 보니 면허증은 있어도 운전경험이 없는 상태였다. 먼저 운전연습부터 시작했다. 운전석에 오르려고 하니 지워지지 않는 악몽 때문에 겁이 덜컥 났다. 큰 호흡을 한 뒤 안전을 마음에 담고 차에 오르기도 했다. 이렇게 며칠간 지도를 받으며 착실하게 주행연습까지 마쳤던 것이다.

자동차는 다루는 사람의 손끝에서 명암이 갈리게 된다는 사실을 새삼 깨닫게 되었다. 조금만 더 안전을 생각하고 운전한다면 자기는 물론 사랑하는 가족과 상대편의 불행을 막을 수 있으리라.

날이 갈수록 늘어나는 교통사고로 많은 사람이 제명대로 살지 못하고 세상을 떠나거나 부상으로 고통을 당한다고 한다. 이제는 자동차로 인하여 생기는 아픔을 줄이는데 모두가 나서야 할 때인 것 같다. 그래야만 편리하고 유익한 이기利器로부터 피해를 줄이고 즐거운 삶을 이어갈 수 있지 않을까.

자동차 사고로 인하여 죽고 사는 일은 운명과는 무관하게 한순간의 방심에서 일어나는 것임을 깊이 깨달아야 한다. 불행은 스스로 타개하고자 하는 사람에게는 쉽게 다가서지 못한다는 말이 진리처럼 들린다. 이런 명언을 터득하고 살면 교통사고를 줄일 수 있을 것이라 싶다.

운전을 할 때마다 앞서간 연수생이 남긴 피 묻은 운전면허증의 교훈을 되새기리라 다짐한다.

짝퉁 인생

외출을 하다 보면 길거리에 아무렇게나 펼쳐놓고 파는 물건을 보게 된다. 정상적인 상행위가 아니라 싶어 마음에 석연찮은 그림자가 생긴다. 그러다가 사정을 바꿔 생각하면 동정심마저 느끼기도 한다.

한두 번 길에서 파는 옷을 사서 입은 적이 있다. 겉으로 번드레하고 멋있고 진품처럼 보여 마음이 흔들렸기 때문이다. 그런데 몇 번 입고는 바로 쓰레기통으로 직행하게 되었으니 씁쓰레한 마음은 아직도 걷히지 않고 있다.

길에서 가짜 상표를 붙인 짝퉁 상품을 파는 사람은 생계유지를 위한 행위라고 대변할지 모른다. 그러나 올바른 상행위라고 보기는 어렵다.

짝퉁 옷을 입은 사람을 길에서 만나면 겉은 번드레해도 속이 차지 않은 사람처럼 보인다. 나도 짝퉁을 입고 다니던 때는 그렇게 보이지 않았을까? 그런 옷을 입고도 아닌 체하는 친구를 보면 사심邪心마저 엿보이고 허풍쟁이처럼 느껴진다.

시장市場에서 "골라잡아 천원!" 하는 물건들이 판을 치고 있음을 흔히 본다. 이런 현상을 볼 때마다 중국이나 동남아에서 천 원짜리 물건을 들고 매달리는 어린아이들까지 연상된다.

요즘 중국에서 짝퉁들이 무절제하게 넘어와서 세상을 어지럽힌다고 야단이다. 심지어는 사람의 생명을 앗아가는 저질식품이나 가짜 의약품들까지 판을 치고 있다고 하니 걱정이 이만저만이 아니다. 어쩌면 인간파멸의 길로 서서히 접어들고 있지 않은가 싶기도 하다.

어느 일간지에 실린 짝퉁 약품의 유통률이 53%나 된다는 기사를 읽은 적이 있다. 이런 기사는 빙산의 일각에 불과하다고 덧붙여 놓은 것을 보니 더욱 탈거지*하다. 만드는 사람이나 파는 사람 모두 자기는 돈만 벌면 되고 남은 죽어도 좋다는 심산이 염려된다.

지금 세상은 가짜가 진짜보다 많다는 말이 회자되고 있음이 사실인 모양이다. 가짜가 판을 치면 진짜가 설 자리를 잃게 된다는 우려의 목소리가 높다. 이것은 사람의 근본도리가 아니지만, 세상

따라 산다며 세뇌되지나 않을까 싶어지니 말이다.

짝퉁이 판을 치는 세상도 그렇지만, 점차 짝퉁 같은 사람이 늘어난다고 하는 일도 문제다. 지하도를 메우고 있는 노숙자들, 절도, 강도, 사기범 등 이루 헤아릴 수 없다. 더구나 정치판을 들여다보면 더 질겁할 것 같다는 생각이 든다.

선거철만 되면 정치꾼들의 온갖 유언비어가 난무하여 머리를 헷갈리게 하지 않던가. 더구나 대통령 선거 때는 음흉한 의인擬人을 내세워 세상을 현혹시키는 일도 있었으니 말이다. 인간도 짝퉁처럼 만들어서 그럴까 모를 일이다.

이럴 땐 짝퉁이 우리를 비웃을지 모른다. 자기나 사람이나 다를게 뭐 있느냐면서 달려들 것만 같다. 자기도 사람에 의해 만들어졌고 그 사람의 돈벌이에 한몫하고 있을 뿐인데 왜 자기만 몰매를 맞아야 하는지 항변이라도 할 것 같아서다. 오히려 짝퉁이 인간더러 지다위*라 할 것이고 그런 인간을 어떻게 막을 것이며, 무슨 수로 치유할 것인지 되물을지 모른다.

문제는 미망에 빠진 인간이 권세나 부富의 축적에만 눈이 어두워 저지른 행포行暴라 싶으니 암담하기 그지없다.

삶의 근본은 타고난 성품에 의한다는 말이 있다. 그러나 점차 짝퉁이 판치는 세상 때문에 거기에 몰입되어 가는 앞날이 걱정스럽기만 하다.

'마음 하나 바로잡으면 바른 세상을 만들 수 있다' 는 스님의 말씀이 생각난다.

과연 나는 어떤 위치일까. 되돌아보니 마음을 잘못 다스리며 살았던 적이 있음을 고백하지 않을 수 없다. 더러 거짓말과 몹쓸 짓으로 얼굴 붉혔던 기억이 떠오르니 말이다. 그때는 잠시 면피하려고 그랬지만 하늘이 내려앉을까 싶어 가슴이 두근거려 애를 먹기도 했다. 그럴 때마다 다시는 그러지 않으리라 다짐했지만 제대로 실천하지 못한 것 같다.

그러나 이대로 가슴 칠 일만은 아니다. 마음 하나 바로잡는 일, 다지고 또 다지면 되리라 싶어서다.

어떤 고통이 있어도 짝퉁 인생의 허물은 벗어야 하지 않겠는가.

*탈거지 : 걱정스러운 일.
*지다위 : 허물을 남에게 덮어씌움.

두릅나무의 눈물

두릅나무 우듬지에 고인 물을 보면 한을 품은 사자死者의 눈물 같아 가슴이 아린다. 이 물이 죽음을 예시하는 것이라서 더 그런지 모른다.

봄이 되면 온갖 풀과 나무들이 새 옷을 차려 입으려고 몸치장을 한다. 싱그러움에 끌려 산으로 달려가면 싱싱한 나물거리가 앞다투어 돋아남을 볼 수 있다. 그중에 두릅나무 새순에서 어릴 적 기억을 더듬게 된다.

먹을거리가 떨어져 자연히 산과 들로 새순을 찾아다녔던 까마득한 일들이 새롭게 떠오른다. 그때는 싱싱한 봄나물이 보릿고개를 넘기는데 없어서는 안 될 먹을거리였다. 이들 구황식물 중에도 가시 돋친 나무들이 약재로 쓰인다는 말을 들어 알게 되었다. 엄

나무, 가시오갈피, 두릅나무. 구지뽕나무 등을 차례로 들먹일 수 있다. 이 중에 다른 나무는 찾아보기 힘들어도 두릅나무는 흔히 볼 수 있다. 그래서 내가 두릅나무에 더 호감을 갖게 되었을 성싶다. 이런 기억 때문에 봄이면 산을 찾아 나서게 되었고 산나물이 밥상 위에 자주 오르게 되었던 것이다.

두릅나무의 몸은 가는 편이고 굽은 데 없이 자라 올곧은 선비 같은 품위를 엿볼 수 있다. 숲을 헤치고 하늘로 솟아 있는 모습은 기氣가 살아 있는 듯하다. 그러나 목질은 강하지 않아 쉽게 휘어지고 잘 부러진다. 이런 허약함을 방어하려고 온몸에 가시를 휘두르고 있는지 모른다. 쉽게 달려들다가는 가시에 찔리기 십상이고 약하다고 무시하다가는 큰 코 다친다. 대부분 우듬지에 새순이 나온 뒤에 키를 키운다. 그리고 순을 따버린 자리에 물이 고이는데 그 물이 마르고 나면 죽어버리는 특성이 있다. 더구나 어린 나무는 채 자라지도 못하고 죽음을 맞이하는 경우도 없지 않다.

두릅나무 새순은 대개 10㎝ 정도 자라면 나물거리로 쓰인다. 싱싱함은 물론이고 우리들 몸에 좋은 약이 되며 입맛을 돋우는데 제격이라는 말을 듣는다. 더구나 나물거리로 무쳐 먹기도 하고 튀김용으로도 쓰여서 애호가가 날로 늘어난다고 한다.

새순을 따기 위해 섣불리 덤벼들면 가시에 찔리지 않고는 어렵다. 가시에 찔리는 순간 잠시 멈칫거리게 된다. 하지만, '아픔을 이기지 못하면 아무 것도 얻을 수 없다'는 어른들의 말씀이 떠오르고, 한편으로 약자의 희생은 세상만사 어디 이것뿐이랴 싶어 따버린다.

두릅나무 새순을 따다 보면 생명의 질서가 어긋남을 어렴풋이 느낄 수 있다. 숲속에서 만난 죽은 두릅나무가 인간의 소행을 원망하는 시위라도 하는 듯해 보여서다. 이럴 때는 마구잡이로 순을 꺾어 죽음에 이르게 한다 싶어 생명을 가볍게 여기는 사회풍조와 다르지 않다는 생각에 이른다. 거기다가 자기만 차지하겠다고 새순이 올라오는 부위를 낫으로 잘라 쉽게 명줄을 끊어놓은 경우는 인간의 잔인성을 보여준 일면 같기도 하다.

두릅나무의 죽음을 통해 한 생명의 소멸이 선명하게 보이고, 쉽사리 남의 생명을 해치는 우리 사회의 비뚤어져 가는 또 다른 면도 볼 수 있다.

최근 들어 일어난 부녀자 연쇄살해 사건, 재산 문제로 부자간 · 형제간에 일어나는 살인, 단순한 분풀이로 상대를 죽이는 사건 등 사람을 살해하는 무자비한 행위가 너무 자주 일어나고 있다. 이런 행위는 원인이 어떻다 해도 있어서는 안 될 일이다. 사회적 규범을 떠나서 근원적으로 막아야 할 도리라 싶어서다. 내 목숨을 중하게 여기듯 남의 목숨도 중히 여겨야 한다. 비록 미물이라도 살생하지 말라는 경전의 가르침은 우리 모두 가슴속에 깊이 간직하고 지켜 나가야 할 덕목이라서 더욱 그렇다.

하나의 생명이 이 세상에 태어난다는 것은 엄청난 경쟁을 통해서 얻어지는 것이다. 비록 그것이 미물이라도 크나큰 영광의 소산이고 축복받은 선택인 때문이다. 그러니 그들이 사는 동안 생명의 존엄성을 지켜주어야 하는 것이 도리임을 깊이 새겨야 한다.

생명은 하나밖에 없는 고귀하고 소중한 것임을 모르는 사람은 없을 것이다. 법문에 일기일회一期一回라는 말이 있다. 생명이 있는 것은 단 한 번의 기회밖에 없음을 깨우치고 있는 말이다. 이런 잠언을 알게 되면 누구나 선불리 남을 해치려고 하지는 않으리라.

두릅나무의 진한 눈물을 보니 명을 다하지 못하고 억울하게 죽어간 우리 사회 약자들의 원혼이 서려 있는 듯하다. 나만의 착각일까.

"내 죽음은 너에게 달려 있다"고 항변하는 두릅나무의 눈물이 자꾸 어른거린다.

만추晩秋에 서다

'만추' 는 시를 통해 더 깊은 묵상에 들게 한다.

손짓 없어도 마냥 겨울 쫓아가기에 바쁜 때이다. 속세라도 벗어나려는 듯 떨어져 나가는 이파리 사이로 바람 소리 거칠어진다. 섬돌 밑 귀뚜라미 울음 더 처량하고, 초가지붕 깊숙한 보금자리에 원앙금침 펴는 참새 소리 다정하게 들렸던 기억도 생생하다. 패기를 앞세워 달려왔던 시간들도 어느덧 저만치 흘러가고, 지금은 새날 기다리며 귀 기울이는 영혼마저 가슴 시리게 하는 계절이다.

이런 늦가을에는 곳곳에 배어 있는 선인先人들의 삶이 아직도 내 안에서 들썩대기만 한다.

빈곤함 속에서도 이때만은 넉넉해진 곳간 보며 내 세상인 양 여유를 가졌던 날들. 아궁이에 불 지피며 아랫목 온기만큼 단란한 시간도 있지 않았던가. 그래도 겨울채비 하는 초목들의 가쁜 숨소리 들으며, 한 해를 지우려 바쁘게 설레발 떨었을 성싶다. 실타래처럼 풀려나오는 지난일들을 조용히 되새기며 새 세상 맞으려 했던 날들도 이맘때가 아니었을까.

내가 산 시간 속을 되새김질하다 또렷이 떠오르는 늦가을 기억들을 풀어내본다.

아무리 어렵게 살았어도 이때만은 가슴을 펼 수 있었다. 온 누리에는 먹을 것이 천지라 부자가 부럽지 않은 때였다. 하지만, 일 년 동안 먹을 양으로는 모자란다는 말에 누구도 토를 달지 못했다. 그저 아껴 먹으라는 주문은 그렇게 내내 이어졌다. 배고픔을 되새기며 살라는 타이름은 귀에 못이 박히도록 매서웠다. 늘 모자라서 채워보려고 아등바등 애쓰기만 했던 일들, 그 짓은 되지 않을 욕심이고 분수에 지나친 일이었다. 그때 생긴 욕심이 남아 아직도 채우기만 하려는가 싶을 때도 있다.

내 삶에 있어 만추에 서는 것은 그리 긴 시간이 아니었다. 휑하니 가슴을 뚫고 스쳐가는 바람과도 같았다. 지나간 시간은 모두 지워지고 마는가? 그 속에는 나는 없고 내가 한 일마저 건더기를 수습하기 힘들다. 마냥 어디론가 떠나가기만 하는 시간들엔 '우물쭈물하다가 내 이럴 줄 알았다' 는 버나드 쇼의 묘비명이 새롭

게 음미되기만 한다.

두리번거리다가 자연의 이치를 찾아나서는 일이 지름길이 아닐까 싶어 낙엽이 지고 난 자리에 서 본다.

욕심을 버리라는 자연의 몸짓, 스스로 버릴 줄 아는 나무 이파리와 풀잎이 몸 밖으로 떨어져 나간다. 버리고 떠나기를 실천하는 거룩한 모습이다. 앙상한 뼈대만으로 서 있는 나무를 보면 무욕을 앞세운 수행자가 아니던가. 이런 것들이 내게 무엇이 빈손인지 깊은 침잠에 빠지게 한다. 그러나 마냥 버리기는 아직도 마음 곁에 머물고 있을 뿐이니 선禪을 더 닦아야 하리라 싶은 것을…….

어쩌다 다 버리지 못하고 있는 나뭇잎을 보면 그저 부질없다는 생각에 머문다. 가냘픈 몸짓으로 죽음에 항거하느라 애쓰는 모습 같아 애처롭기만 하다. 결국은 떨어지고 말 것을 버틴다고 될 일인가 싶어지니 마음만 아프다. 혹여 내 모습도 저럴까 사뭇 걱정이 앞선다.

사람답게 살아온 현인들의 족적이 선명하게 느껴지는 때가 많았다. 언제든 신선하고 선량한 언행이 진정 사람의 길임을 느끼게 했다. 그 걸음은 구름 없는 하늘처럼 맑고 높아만 보였다. 어떻게 걸었으면 그렇게 청정해 보였을까. 언제나 세속을 떠나온 모습 그대로인 것처럼 보여서다. '마음이 맑으면 얼굴도 맑아진다' 는 진리를 앞세워 살아온 흔적 같아 아득히 멀더라도 그 길을 기웃거리고 싶을 뿐이다.

어느 스님의 말씀을 인용해 본다. 누구나 무턱대고 버린 지난 시간을 두고 '인생을 낭비한 죄' 를 물어야 한다고 했다. 늦게야 깨달은 것은 시간은 되돌림이 없다는 것. 하지만, 남은 시간만이라도 '사람의 길' 을 걸어야 하는 일이 현명할 것 같아 작은 불씨 하나 지펴 보면 어떨까 싶다.

가을은 겨울을 향해 어김없이 달려간다. 우리 인간도 자연에 순응하며 그 길을 따라가야 한다. 이 가을이 가면 한 해가 저무는 서글픔을 더 깊이 앓아야 할 것이다. 그러니 지금 이 시간 세상을 바로 보고 올바르게 살아가야 하지 않겠는가.

'인생의 황금시대는 흘러가버린 무지한 젊은 시절에 있는 것이 아니라, 늙어가는 미래에 있다' 고 한 임어당林語堂의 말씀이 가슴을 파고든다.

내 삶의 시간들, 어떻게 살아왔던가. 그리고 어떻게 살아갈 것인가. 모든 것 버리고 갈 양이면 이 가을에 조용히 내려놓는 연습을 위해 심연에 빠져보리라.

작은 행복

행복은 어떤 모습일까? 나는 가끔 이 질문에 대한 해답을 찾느라고 시간을 빼앗기는 때가 있다. 행복, 그것은 살아 있는 모든 생명체가 갖고자 하는 가치이며 목표일 것이다. 세상에 처음 태어나는 영아가 엄마의 젖을 찾아 물고 있는 시간은 행복에 넘쳐 있는 모습이다. 그때 보는 아이의 미소는 이 세상을 다 얻은 것처럼 보인다. 이런 생명의 경이로움은 어디서나 볼 수 있다.

이른 봄 땅속에서 솟아나는 연한 잎들, 그리고 꽃을 피우기 위해 봉오리를 올리는 것은 새 생명을 세상에 펼치려는 꿈을 실현하는 시간이다. 이처럼 엄숙한 순간은 행복한 시간일 것이라는 생각이 앞선다.

행복은 의식을 통해 느끼는 것이라 한다면 우리들 인간만이 가지는 것일까. 그것은 아마도 생명을 지닌 것 모두의 염원이 아닐까 싶다. 무서운 호랑이도 제 새끼를 귀여워해 주면 해치지 않고 흐뭇해 한다는 전설처럼 들리는 이야기. 밭에서 키우는 화초에게 즐거운 음악을 들려주면 자람이 빠르고 더 아름다운 꽃을 피운다고 하는 이야기도 있다. 외부의 작은 충격에 세포의 활동이 왕성해져 행복에 젖는다는 말대로 생명이 있는 것 모두 이 순간만은 즐겁고 편안하고 행복한 시간이 된다는 것이다.

그렇다면 행복의 크기는 얼마나 될까?

개미가 양식을 마련하여 줄을 이어가는 모습을 본다. 열심히 일한 그들의 생활을 짐작할 수 있다. 일상이라 하더라도 삶에 대한 애착을 가지고 사는 동안만은 행복하리라 싶다. 벌들이 작은 집을 짓고 드나드는 곳에 달콤한 양식을 쌓는다. 열심히 일한 흔적이지만 삶을 위해 땀을 흘린 대가가 채워지는 순간이다. 이 또한 나름의 행복을 추구하는 삶이 아니겠는가. 이를 두고 행복의 크기를 계량적 · 물량적으로 나타낼 수는 없는 일이라 할 것이다. 하지만, 미물의 삶이 생태적이긴 해도 목적하는 바를 이루어낸다면 그 결과는 반드시 행복으로 귀결되리라 싶을 뿐이다.

길거리에서 삶에 보태 쓰겠다고 후원을 호소하는 사람의 표정을 보면 금품의 크고 작음이 행복의 척도가 아님을 쉽게 알 수 있다. 거기에 반하여 억만장자가 더 큰 돈을 가지기 위해 안간힘을 쓰는 일도 더러 볼 수 있다. 그것이 행복과 직결되는 일이라 생각하는 것은 자기만의 아집일 뿐, 많은 사람은 오히려 과욕을 부린다고 욕하는 경우가 많을 것이다. 돈 많은 사람이 행복하다고만 할 수 없음은 많은 증거를 통하여 나타나고 있다. 이러한 결과는 결코 행복의 크기를 계량적으로 나타낼 수 없음을 의미하는 것이라 할 것이다.

무소유를 주창한 법정스님의 삶은 스스로 물질적인 비움을 통하여 행복을 찾으려 했음을 알 수 있다. 편안한 마음으로 본래 사람의 길을 스스로 개척해 나가는 길이 행복임을 깨달은 선승이 아니었던가.

행복을 찾는 길은 사람마다 다를 것이다. 그 유형이야 이루 말할 수 없겠지만, 나름대로 지고至高한 깨달음이 곧 행복으로 통하는 길일지도 모른다.

나는 여생 동안 흙에서 행복을 찾으려 한다. 이 세상 만물은 모두 흙에서 태어나고 생을 마감하는 전철을 밟고 있어서다. 흙은 시간의 흐름으로 변형되기도 하지만 그 본래의 진정성을 잃지 않는다. 가깝게 다가서면 반가워하고 섣불리 잘못 건드리면 그 화가 되돌아온다. 이런 진실을 알지 못하고 덤벼들면 낭패 보기 십상이다.

요즘 틈만 나면 아내와 함께 가벼운 마음으로 흙에게 다가간다. 흙은 계절 없이 손길을 기다리고 있다. 이른 봄부터 씨앗을 묻고 손질해 주면 어김없이 귀중한 열매를 보상해 준다. 씨앗이 흙을 뚫고 새 생명을 탄생시키는 그 황홀한 모습에서 기쁨과 즐거움을 얻게 되고, 귀중한 생명이 자라서 나에게 먹을거리로 돌아오는 동안 행복한 시간으로 이어지곤 한다. 흙에 다가가면 잠시 육신의 괴로움이 따라도 그것을 벗어나면 천국처럼 느껴지니 발걸음이 가벼울 수밖에 없다.

내가 흙에 다가가며 갖는 욕심은 오직 튼실한 열매가 제대로 나의 몫이 되는 꿈이다. 그러기 위해서는 정성을 다해야 한다. 햇빛과 물과 흙이 함께 어우러져 풍성한 열매를 맺을 때는 이웃으로 이어지는 행복 릴레이도 펼칠 수 있다. 땀 흘리는 노동을 통해 건강을 유지하고, 더 나아가 자정自淨하고 자비하는 시간을 가질 수 있으니 극락을 얻는 터전이 아닌가.

흙을 뚫고 솟아나는 새싹을 보면 결실의 희망이 그려진다. 그 결실은 땀방울보다 훨씬 큰 행복을 안겨준다는 사실을 오래오래 간직하고 싶다.

밥상머리 교육

밥상을 대하면 식사예절을 가르치시던 아버지의 얼굴이 떠오른다. 아슴푸레 지워져 가던 기억 속에 할아버지의 독상獨床과 둥근 밥상이 한 폭 그림처럼 남아 있다. 여덟 식구가 빙 둘러앉으면 한 떨기 꽃 같다는 생각이 들 때도 있었다. 앉는 자리는 차례가 정해져 불문율로 이어졌다. 식사는 어른보다 먼저 수저를 들어서는 안 되는 엄격한 규율 속에서 조祖 부父로부터 시작되었다. 맛있는 반찬은 할아버지 밥상에 놓이는 게 상례常例였고 그것이 가정의 질서로 여겨왔다.

나는 철이 들기 전부터 생선을 좋아했다. 할아버지 밥상에는 가끔 생선이 올랐고 그때마다 시선은 거기에 매달렸다. 눈치 챈 어머니는 내게 눈을 흘기시며 엉뚱한 생각 말라는 암시를 주셨다.

하지만 군침 때문에 밥이 제대로 넘어가지 않았다. 야속하기만 했던 마음에는 훗날 생선을 실컷 먹어야지 하는 다짐으로 굳어지게 되었다.

밥 먹는 시간에는 할아버지와 아버지밖에는 아무도 말을 하지 않았다. 식사 때 말을 하면 복이 나간다고 하여 금기사항으로 알았고, 어른의 말씀에 토를 달지 않는 것이 예의인 줄 알았다. 이처럼 밥을 먹는 동안은 등잔불이 어둠을 밝혔어도 침묵을 지키는 소중한 시간임을 자연스레 익혀 나갔다.

식사라고는 거무튀튀한 보리밥과 시래깃국이 전부였어도 고픈 배를 채우기는 늘 모자랐다. 먹긴 해도 금세 허허롭기만 했던 시절을 떠올리면 지금은 만석꾼이 부럽지 않을 만큼 풍요롭다. 그러나 잘 먹는 일은 만병의 근원이라는 말을 상기해 보면 그때의 밥상이 오히려 건강을 지키는 바로미터였던 것이다.

가끔, 어릴 적 이야기를 들춰 보면 정숙했던 식사 때와는 달리 웃음꽃 피고 가족애家族愛가 짙은 향기처럼 되살아나곤 한다.

손자에게 내렸던 따스한 손길은 할아버지의 인자한 모습과 함께 여태껏 훈기薰氣로 피어오를 때가 많다. 무릎은 늘 정을 데우는 안락한 의자였고, 노리개처럼 수염을 만지며 장난을 쳐도 자애로운 가슴으로 받아들였다. 사람답게 키우려는 소망을 얹어 종종 들려주시던 할아버지의 내리사랑은 조손祖孫을 한데 묶는 튼실한 밧줄이었다. 이처럼 천륜의 밧줄은 대대로 이어졌고 어른에 대한 존경심과 효도의 밑거름이었던 것을 지금도 깊이 새기고 있다.

그러나 세상이 변하여 예전의 그런 모습이 한낱 구시대적 유물처럼 치부置簿되고 있음을 느낄 때가 많다. 그 가운데 핵가족화는 온화하던 가정질서를 빠르게 붕괴시킨 도화선 역할을 했다는 말이 세상 넓게 나돌고 있지 않은가. 이렇게 해체된 가정은 한둘뿐인 아이 기氣를 살린다는 명분만이 밀물처럼 밀려들어 장유유서長幼有序가 무너지고 말았다는 것이다.

이런 시대적 변화는 밥상차림마저 바꿔놓고 말았다. 어느새 아이들 자리가 먼저고 아버지가 끝번으로 밀려나게 되었다, 물밀듯 밀려온 서구화에 의해 서로 받들며 살던 전통의 젓가락문화는 점차 사라지고, 포크나 칼로 찌르거나 자르는데 길들여지게 되었단다. 이러니 조금씩 밑지고 살며 물러설 줄 알던 정서는 메말라가고 아상我相*만을 생각하는 세상이 되었는가 보다.

지금은 인성이 삐뚤어지고 정이 메마른 세상이 되어도 이를 해결하려는 길을 찾지 않고 있다는 이야기다. 예전, 아이 언행을 두고 가정교육이 제대로 안 되었다며 핀잔을 주었던 일을 더듬어 보면 너무 빠르게 변해 버린 사회현상이 아닌가. 이제라도 아이들을 왕자나 공주로 과도하게 떠받들어 마마보이를 만들지 않았는지 되돌아봐야 할 것이다.

예부터 예와 도덕으로 가르치면 나라가 평온해 진다고 했다. 이런 교육을 위해서는 회초리가 옆에 놓이고 인성교육부터 시작했음을 기억하고 있다. '한 아버지가 100명의 선생' 이란 말은 자식을 올바르게 가르치는 부모의 역할이 그만큼 크다는 것을 강조함이라 하겠다. 지난 일이지만 이를 되새겨 보면 화목한 가정의 밥상은 자연스런 사회교육이었음을 짐작할 수 있다.

고희를 넘어 지난 세월 체험했던 사도師道에 대한 기억을 더듬어 본다. 그때는 '선생님의 그림자' 이야기를 너도나도 철칙인 양 받아들였고, 행동의 교본으로 가르쳤다. 그런데, 지금은 어떤가? 학생이 선생을 폭행하거나 좌지우지하는 일이 자주 일어나고 있다. 거기다가 학부모마저 선생님의 권위를 헌신짝처럼 짓밟아 버리고 있지 않은가. 선생은 이제 설 자리가 없다고 여기저기서 탄식이 들려오고 있다. 이런 일은 밥상머리교육이 제대로 되지 않은 결과라 한다. 늦었지만 지금이라도 내 아이를 사람답게 키워야겠다는 부모가 늘어나면 좋으리라 싶다.

오랜 세월 지켜온 예와 도덕을 쉽게 무너뜨릴 수는 없는 일이다. 이제라도 온고이지신溫故而知新을 받들어 그런 세상을 만들어 가면 좋으련만…….

*아상 : 자기의 처지를 자랑하여 다른 사람을 무시하거나 업신여기는 마음.

천사의 목소리

마지막 목소리는 애절한 외침이었다.

"선원은 맨 마지막이야. 너희들 구하고 나는 나중에 나갈게."

2014년 4월 16일 오전 9시를 조금 지나 진도 앞바다에 메아리친 세월호 승무원 박지영 씨의 말이다. 단원고등학교 학생들을 먼저 밖으로 탈출하게 했던 마지막 한 마디다. 직업의식에 충실한 나머지 자기 몸은 돌보지 않았다. 이를 두고 어찌 살신성인이라 말하지 않을 수 있으랴.

다른 승무원은 도망치기에 바빴는데 오직 한 사람, 그녀는 자기 임무를 다한 천사가 아니었던가. 나잇살이나 먹은 선장과 승무원은 배를 탄 경험도 많았다. 그러나 그녀는 어머니를 도우려고 다니던 대학마저 휴학하고 직업전선에 뛰어들었다. 불과 6개월 신출내기였지만 그 누구보다도 직업의식이 투철하여 소명을 다하다가 하늘의 부름을 받고 말았다. 그녀는 스물둘 꽃다운 나이였다.

그녀는 지금 하늘나라에서 아직도 생사를 알지 못하는 사람들의 생환을 기원하며 응원하고 있을지 모른다. 환하게 미소 지으며 구조될 때마다 박수를 보낼 준비를 하고 있을 것이다.

사진 속 그녀의 환한 미소를 보면서 떠오르는 기억 하나를 되새겨 보게 되었다.

2011년 3월 11일 동일본 대지진 당시 일본 미야기(宮城)현의 어촌마을 미나미산리쿠(南三陸) 동사무소 직원이었던 엔도 미키(遠藤未希)다. 그녀는 당시 나이 25세, 결혼 8개월차 새댁이었다. 리히터 규모 9.0의 대지진이 강타한 오후 3시 46분. 위기를 감지한 나머지 2층의 방송실로 뛰어들어 마이크를 잡았다.

"높이 6m의 큰 쓰나미가 오고 있습니다. 즉시 고지대로 대피해 주세요. 해안 근처에는 절대 다가가지 마세요."

그녀의 목소리는 계속해서 마을 전체에 울려 퍼졌다. 다급한 외침을 들은 7000여 명의 마을 사람들은 고지대로 대피해 목숨을 건졌다. 그러나 그녀는 동사무소를 덮친 쓰나미에 쓸려간 뒤 한 달이 넘어서야 싸늘한 주검으로 고향 바닷가로 돌아왔던 이야기다.

이들은 이승의 고귀한 생명을 구하라고 하늘이 보낸 사신이었을까. 사회적 경륜이 일천한 이들이 부여받은 임무가 너무나 막중하고 존엄스럽다. 그 짧은 시간 삶과 죽음의 경계를 망각한 채 다 함께 살길을 찾아 나섰지 않았던가. 촌각을 다투는 죽음 앞에서도 의연히 대처한 행동이야말로 숭고한 정신에서 비롯된 모습이었다. 이런 일은 아무나 할 수 있는 일이 아니라서 만인의 귀감이 되고 길이 추앙받아 마땅할 것이다.

'죽기를 각오하면 살아남는다(必死卽生)' 는 이순신 장군의 금언金言처럼 그대로 실행하려 했던 일이라 오래도록 가슴속에 살아남을 것 같다.

사람의 마음 중에 배려와 희생은 너무나 돋보이고 모두가 우러러보게 된다. 자기를 앞세우지 않고 남을 우선하는 배려나 다른 사람을 위해 자신을 포기하는 희생이 얼마나 값진 일이던가. 두 사람의 배려와 희생으로 많은 사람이 살아남을 수 있었음을 보았다. 죽음 앞에서 남을 살리는 일은 어느 누구도 따라할 수 없는 고귀한 희생이었다. 이처럼 값진 일을 서슴없이 하였으니 얼마나 거룩한 선행인가. 하늘에서 보낸 천사였기에 우리들 가슴에 깊게 각인될 치적이라 싶고 결코 잊어서는 안 될 일이다.

세상을 좀 살다 보니 숱한 일들을 경험할 수 있었다. 그중에서 남을 도우며 배려하고 자기를 희생한 일들을 접할 때마다 가슴이 찡했다. 나도 그렇게 하리라고 여러 번 다짐했다. 크지 않은 일이라도 배려하고 작은 희생을 실행한다면 될 것이라 싶었다. 그러나 아직도 머릿속에는 선행의 기억이 선명하게 떠오르지 않는다. 지금껏 살아오면서 삶의 가치를 제대로 인식하지 못해서일까? 앞을 내다보니 후회할 시간도 그다지 많지 않다 싶으니 조급증이 생긴다.

지금은 물질만능의 세상이 되어 간다는 우려의 목소리가 높다. 게다가 우리의 삶의 가치가 퇴락해 간다는 이야기도 만만치 않다. 인간세계에서 가치관이 무너지면 미래는 암울해질 수밖에 없다. 그러니 그 가치관을 바로 세우기 위해 부단한 노력이 필요하고, 반드시 실행해야 할 일이다. 그렇지 않으면 세상은 더 옹색해질 수밖에 없는 일이라서 말이다.

어떤 현인은 '남을 위해 산다는 것은 더욱 신나는 일' 이라 했고, 양초는 남을 밝게 해 주기 위해 자신을 태운다는 명언이 있다. 이를 되새기며 삶의 귀중한 가치를 찾아 그 길을 택했던 박지영 씨. 그녀의 현신現身은 우리 삶에 찬연히 빛날 등불이 아니던가. 그 불은 온 세상을 밝히며 영원히 꺼지지 않으리라.

머리를 들어보니 하늘에서 천사의 목소리가 들려온다. 그 목소리가 온 세상을 밝게 하는 메아리로 멀리멀리 퍼졌으면 좋겠다.

어느 수인囚人의 편지

죄는 절대 짓지 말아야 합니다. 인간으로 태어나 두세 걸음도 떼어 놓을 수 없는 사각형 틀 속에서 인생을 지우는 것이 두렵고 미칠 것만 같습니다.

얼마 전 마산우체국 사서함 OO에서 날아온 편지의 일부분이다. 그는 크지 않은 공공단체에서 15년여 동안 성실히 근무해 오다가 한 발짝 잘못 내딛어 공금에 손을 댄 것이 화근이었고, 이후에도 몇 차례 더 범행을 저지른 사람이다.

처음에는 큰돈이 자기에게 굴러 들어오리라는 희망 하나로 주식을 시작하게 되었더란다. 그런데 뜻대로 되지 않고 실패하게 되자 다시 손을 대게 되었고, 그러다 보니 자꾸만 늘어나는 금액에 짓눌려 정신이 없었다고 했다. 그래도 더 이상 죄를 저질러서는 안 되겠다는 일말의 뉘우침이 솟구쳐 자수를 하게 되었다는 것이다.

그때는 귀신에 홀린 것처럼 멈춤이 안 되고 잃은 돈을 찾으려다 보니 진흙탕에 빠진 사람처럼 자꾸만 매몰되어 가더란다. 무슨 관성이 작용하는 듯 어느 한쪽으로 몰입되어 지옥계의 문을 열고 들어섰다는 이야기다.

사람은 누구나 욕심을 내게 마련이고 그 욕심을 채우려고 온갖 꾀를 부리는 경우가 있다. 그도 그런 굴레에서 벗어나지 못한 인간이었을 뿐이다.

정당하게 투입한 노력의 대가로 얻어지는 결과를 챙기는 욕심이야 누가 뭐랄 수 없겠지만, 불로소득이나 남의 것을 탐내면서 못된 짓을 하는 것이 어찌 죄가 됨을 모르겠는가.

역사를 통해서 보면 손에 꼽을 만큼의 몇몇 성인을 제외하고는 물욕, 권세욕 등 각종 욕망에 눈이 어두워 바른길을 가지 못한 사례가 많음을 알 수 있다. 이런 생각 끝에 내가 저지른 욕망의 단면이 떠오른다.

친구들끼리 모이면 둘러앉아 벌이는 화투판만 해도 그렇다. 처음에는 장난처럼 몇 푼 잃으면 되겠지 하고 시작한 일이 지갑을 자주 꺼내게 되면 제정신이 아니게 된다. 그러다가 한판 크게 먹으려고 하다 보면 바가지를 쓰게 되는데 이를 두고 '과욕지화過慾之禍' 라 말한다. 한때 이런 일이 타성이 되어 퇴근시간이 기다려지던 일이 지금도 가끔 떠오를 때가 있다.

다시는 그러지 말아야지 하고 다짐해도 마음은 어느덧 콩밭에 가 있었던 웃지 못할 기억은 오래도록 지워지지 않는다. '욕망은 또 다른 욕망을 불러 온다' 는 말이 있듯이 그것을 떨쳐버리는 데는 상당한 시간이 흘렀던 것 같다. 그 수인도 아마 과욕지화를 당하고 한동안 갈등과 번뇌 속에서 헤맸을지도 모른다.

'욕망의 덫에 걸린 사람은 자유를 잃고 절망하며 불행해진다. 욕망을 통해서는 결코 진정한 행복을 만날 수 없다' 라고 하는 데이비드 와이너의 말이 새삼 가슴에 와 닿는다.

그 수인은 지금 지나온 자기의 삶을 한탄하고 있을 것만 같다. 부유하지는 않지만 대학을 마칠 수 있는 가정에서 자랐고 청운의 꿈을 키워 왔는데, 한순간의 착각으로 크나큰 과오를 저지르고 뒤늦게 참회하는 모습이 편지에 그려져 있었으니 선악의 갈림길에서 흔들렸을 그가 눈에 선하다.

사람이 세상을 살아가는 데는 나쁜 일하며 사는 것보다 좋은 일하며 사는 것이 훨씬 많다고 한다. 그렇다면 좋은 일을 하는 방법도 많으리라 여겨진다.

얼마 전 기초생활보장의 혜택을 받아가며 살아가는 팔순이 다 된 할머니의 정성스런 수해의연금 기탁 소식을 들었다. 자신은 컨테이너에서 어렵게 살면서 살을 깎는 아픔을 참아가며 모은 돈 100만원을 선뜻 내놓았다는 이야기다. 자기보다 더 어려운 사람을 돕겠다고 하는 갸륵한 마음으로 말이다. 참된 자비를 베푼 일이라 싶었다. 혹여 빙산의 일각이라 할지 모르겠으나 그분의 선행은 존경심과 함께 가슴이 쿵쿵거리는 부끄러움을 느끼게 하는데 충분했다.

자신이 가진 것 이상을 바라지 않은 자족의 삶, 적게 쓰고 많이 행복해 하는 것, 이것이 작지만 소중한 행복이 아니겠는가.

요즘은 가끔 내가 살아온 시간들을 반추해 보며 사람답게 살고 있는지 자문하면서 뒤늦게 경전을 뒤척거리는 때가 있다. 거기에서 얻은 것 중의 하나가 기도는 '마음 챙김'에서 비롯된다고 하는 말이다. 그 마음에는 오로지 맑고 깨끗하고 비어 있는 마음이어야 한다는 것이다.

잠시 이 땅에 올 때 빈손으로 왔고 다시 흙 속으로 돌아갈 때도 빈손으로 갈 것이다. 결코 욕심낼 일이 아니건만 그것을 떨쳐 버리지 못하고 있다 싶으니 마음이 걸린다. 어떻든 그 수인이 저지른 망념만은 마음에서 털어내어야 한다. 이제라도 조용히 물질세계의 망상에서 벗어나 마음 비우고 사는 길을 택해야 할 것 같다.

다 섯 번 째

영원한 미소

시위를 떠나가는 화살에서
세월의 빠름을 느낀 지금에야 철이 들어 값진 명중을 얻으려 하였으니
우매했던 지난날이 마음에 걸린다.

명중命中

화살이 시위를 떠나 하늘을 가르며 달아난다. 과녁에 '쾅' 하고 메아리쳐 오면 "명중"하는 소리가 들려온다. 활을 쏘는 사람을 한량閑良(할량)이라 하여 번들거리며 놀고먹는 사람으로 매도하는 사회적 편견이 있다. 나도 이런 이야기가 마음에 거슬렸는데, 중천을 넘어 석양에 이르는 나이가 되니 지금 할 수 있는 운동으로 제격이다 싶어 궁도를 택했던 것이다.

궁도를 배울 때는 찬바람이 쌩쌩거리는 매서운 벌을 받는다. 사범의 가르침은 어릴 적 회초리를 든 선생님을 떠오르게 할 만큼 엄하다. 옛날 전쟁터에서 쓰던 살상무기인 만큼 그럴 법도 하다. 화살을 발시할 때는 언제나 가슴을 죄어오는 두려움이 앞선다. 잠시만 마음을 놓으면 시위가 얼굴이나 팔을 무참히 매질하는 경우가 허다하기 때문이다. 아픔을 참기는 잠시, 살갗이 터지고 시커멓게 멍이 드는가 하면, 맞은 부위가 부어올라 마치 철딱서니 없는 짓거리로 얻어맞은 흔적 같아 얼굴을 들 수 없게 된다. 초보자의 설움치고는 혹독한 편. 그러나 이런 과정을 거치지 않고는 명중의 길을 갈 수 없으니 어쩌겠는가. 어쭙잖은 나이에 매를 맞고 산다는 것이 어설프기도 하지만 내 인생에 내리는 경종이려니 싶다.

사대에 오르기 전, 활을 매만지면서 조용히 대화를 한다. 시위는 어느 정도로 맬까. 줌손은 어떻게 잡을까. 어깨와 깍지 손의 힘은 어떻게 뺄까 등.

시위를 당길 때는 가슴을 활짝 열고 하늘을 삼키듯 한 뒤, 깊은 산속 정화수로 마음의 때까지 말끔히 걷어낸다. 습사무언習射無言을 마음속 화두로 채우며 아랫도리에는 힘을 넣은 채 망부석이 되는 것도 잊어서는 안 되는 일. 그런가 하면, 섬섬옥수로 한 땀 한 땀 짜나가듯 정밀한 구도를 짠 후 과녁의 한자리에 정심을 꽂고 줌손의 위치, 깍지 손의 높이가 삼위일체로 되었을 때 시위를 놓아야 한다. 그리고 줌손의 멈춤과 시위를 놓는 순간은 찰나의 오차도 허용하지 않으며, 1㎜의 편차는 1,450㎜의 이탈을 보게 된다는 공식도 풀게 된다.

그런데 궁도에도 심오한 진리와 철학이 있는가. 명중을 시키려고 욕심을 부리면 화살은 제 갈 길을 잃고 과녁 밖으로 달아나기 십상이다. 오히려 마음을 비워야만 바른길로 간다. 그뿐만이 아니다. 횡대로 선 궁사가 차례로 명중을 시키면 불사不射하는 경우가 많고, 다른 사람이 불사하면 내가 명중시키는 심리현상도 나타난다. 또 몰기沒技 뒤에 불사로 연결되는 이치는 과욕이 부른 결과인지도 모른다. 아마도 욕심을 과감히 포기할 줄 알아야 얻을 수 있다는 성찰의 교시리라 싶다.

사대에 들어서면 과녁은 저 멀리서 나를 응시한다. 빨갛게 뜨고 있는 눈과 새까만 눈썹은 세상을 똑바로 보라고 일러주는 듯하다. 과녁이 동녘 하늘 구름을 걷고 떠오르는 보름달처럼 살며시 웃어주면 명중하기 쉽다. 그러나 며느리 못 잡아먹은 시어머니 얼굴로 다가서면 화살은 여지없이 빗나가고 마는 것을 어쩌랴.

명중은 채움의 욕망보다는 비움의 환희를 가르치고 있다. 오직 명경지수로 씻은 마음을 실어 보내야 얻을 수 있는 것. 이는 올곧은 자세와 무심 무욕만을 배운 성자이기를 바란다.

또한 명중은 자기를 다스리는 인도자 역할도 한다. 한순간의 자만이나 대충이라는 마음가짐을 용인하지 않는다. 바람이 불거나, 비가 오는 날에도 일편단심으로 사랑의 큐피드를 날려야 하고, 어둠이 내리면 매가 비둘기를 낚아채듯 기氣를 넣는 정열도 쏟아야 한다.

나는 아직도 몰기를 자주하지 못한다. 혹여 아둔한 존재가 아닌가 하고 자학을 털어내지 못하고 있는 때가 많다. 다른 궁사는 몰기를 자주 하는데, 무슨 좋은 방도라도 있는가 싶어 두리번거리기 일쑤다. 동료 궁사가 몰기*를 하면 축하해야 하는데도 배 아픈 심사가 발동하는 것은 왜 일까.

기억의 끝자락을 더듬어 보면, 어릴 적 새총을 만들어 나무 위의 참새를 잡기도 하고, 아주머니의 물동이를 맞혀 야단을 맞았던 일도 있었는데, 이까짓 활쏘기쯤이야 하고 달려든 내 허세가 문제였을까. 아니면 자발없는 자세 때문일까. 사회에서 얻은 명성을 잃는가 싶어 더욱 초조해 진다. '그것도 제대로 하지 못하는가' 하고 멸시하는 동료의 눈빛이 가슴에 와서 머무는 것 같아서다. 그런가 하면, 과녁마저 토라져 버리는 것 같아 더욱 안절부절못하는 때도 있다.

꿈 많던 시절의 내 각오. 양파 껍질 벗기듯 하나씩 벗겨 보면 모두 명중을 향해서 달려오지 않았던가. '과연 명중은 얼마나 했을까' 하고 헤아려 봐도 빗나간 화살이 훨씬 많은 것 같다. 대학 진학의 꿈도 그렇고, 가슴 설레게 하는 아름다운 사랑의 큐피드도 제대로 날려보지 못했다. 그런가 하면, 사회생활에서도 원만하지 못했다는 자괴심이 채워져 있으니 더욱 그렇다. 명중을 많이 했으면 좋았겠지만, 그러지 못했다는 성적표뿐이니 성공한 삶은 아닌 것 같다.

오직 한길 수련과 피나는 고통을 이겨내지 않고 이루어 진 명중이 어디 있겠는가. 삶에 있어서 지름길이란 따로 없으며 역경 뒤의 결실이 더 값지다는 진리를 깨닫는 것이 참인간의 길인 듯싶다.

시위를 떠나가는 화살에서 세월의 빠름을 느낀 지금에야 철이 들어 값진 명중을 얻으려 하였으니 우매했던 지난날이 마음에 걸린다. 지나간 시간을 두고 후회해 본들 소용없는 일. 그래도 지금 시작한 것이 빠른 일인 것만 같다.

명중을 얻으려니 새삼 노자老子의 무위자연無爲自然이 마음속에 머문다. 나는 오늘도 열심히 활을 쏠 것이다. 한발 한발 욕심 없는 빈 마음 하나씩 실어 보내면서…….

*몰기沒技 : 화살 5개를 차례로 다 맞히는 일(5시 5중).

지름길

예순이 넘어 직장생활도 접고 목적 없이 사는 날들이 무의미할 때였다. 가깝게 지내는 사람들의 권유는 골프를 배우라는 것이었다. 파란 잔디 위를 걷노라면 늙음을 막을 수 있다는 조언도 놓치지 않았다. 헝클어졌던 생각들이 포근한 잔디 위에 머물자 고목에 돋아나는 새순처럼 싱싱함이 되살아났다. 즐겁게 살아갈 수 있겠다는 희망과 건강하게 살 수 있으리라는 마음까지 충동질했다. 그들 중에는 나보다 훨씬 나이 많은 사람이 더 열성적이었다.

무슨 스포츠든 마음만은 늘 이팔청춘이었던 지난 시절을 떠올리며 나이를 초월하여 즐겨보려고 골프채를 사고 연습을 시작했다. 순간순간 주마등처럼 머리를 스쳐가는 것은 신바람을 일으키며 젊음을 불사르던 추억이었다.

잘 하진 못해도 잘하려고 덤벼들었던 지난 시간들이 뭉게구름처럼 피어오르고 마음은 바쁘게 싱글(정규 타수에서 더하여 9이하인 타수로 치는 사람)을 향해 달려가고 있었다. 과욕인 줄 알면서도 나이를 잊으려 허발댔던 것이다. 그러나 골프용어와 골프채의 이름을 외우는 데도 여러 날이 걸렸다. 골프채(클럽)의 종류는 왜 그리 많은지, 클럽마다 타법이 다르다 보니 머리는 혼돈의 연속이었고 몸도 따라주지 않았다.

얕보고 섣불리 달려들었던 어리석음을 탄식하며 코치의 지시를 따랐으나 진도는 제자리걸음으로 몇 달을 보냈다. '나이 먹은 값이나 하라' 는 옆 사람의 눈길이 비치는 듯 자괴심마저 생겼다.

필드에 처음 나가는 일을 '머리 얹는다' 고 한다. 나도 선배를 따라 골프장으로 첫선을 뵈기 위해 갔다. 그날은 아침부터 바람 앞의 등불처럼 마음이 흔들렸다. 우물 안 개구리가 넓은 저수지에서 힘차게 헤엄치는 모습을 그리며 그렇게 하리라 다짐해도 소용없었다.

골프장에 들어서면서 선배들의 움직임을 곁눈으로 살폈다. 카운터 체크에서부터 필드에 들어서기까지의 과정을 눈에 익혔다.

필드에 들어서니 푹신푹신한 잔디 위에 마냥 뒹굴고 싶은 마음이 잠시 일었다. 하지만, 골프를 치러 왔다는 생각에 머물자 선배 골퍼들의 실력에 짓눌려선지 온몸이 사시나무처럼 떨렸다.

첫 홀에 들어서서 생전 처음 드라이브(골프채 중 가장 긴 채)로

공을 치려니 어깨에 힘이 잔뜩 고였다. 힘을 빼어야 한다는 한결 같은 충고도 들리지 않았다. 오직 멀리 보내야 한다는 강박감이 머릿속을 가득 메웠을 뿐이다. 헤드(골프채의 머리)가 땅을 치는 통에 잔디만 찢겨나가고 공은 제자리에 있었다. 다시 헤드를 들어 올려 내리치는데 이번에는 공의 윗부분을 때리고 말았다. 공은 데굴데굴 구르다가 몇 발 앞에서 멈춰 섰다. 욕심을 부린 탓일까 싶기도 하고, 공마저 속을 썩이나 싶어 괜히 화가 치밀었다.

좌절의 시간이 잠시 흘렀다. 옆에서 지켜보던 일행들의 눈길에 조소가 비치는 듯했다. 섣불리 달려든 내 경솔함 때문에 얼굴이 화끈거렸다. '남과 같이 하면 남보다 잘할 수 없다' 는 경구를 마음에 담고 연습했으나, 결코 경륜을 뛰어넘을 수 없음을 알게 되었다. 그리고 지금껏 성실히 배웠다는 자부심마저 와르르 무너져 내렸다.

그날은 선배들의 격려마저 귀머거리인 채로 끝났다. 돌아오는 길은 오기傲氣만 가득 채운 채 말문을 닫았다. 현관에 들어서니 아내는 눈치를 읽었는지 엷은 미소를 지어 보였다.

그 뒤로도 연습을 계속했고 필드에도 몇 차례 다녀왔다. 성적은 매번 F학점을 면하지 못한 채였다. 다녀올 때마다 떡시루처럼 스트레스만 쌓였고, 쥐구멍이라도 찾고 싶은 심정이었다. 푸른 초원을 헤매며 건강을 다지려 했던 초심은 갈가리 찢어지고 자꾸만 패자의 늪으로 빠져들어 자격지심만 커 갔다.

나는 골프 치인가?

정교한 티샷으로 멀리 날려 보내는 모습은 시원해 보인다. 나도 그렇게 보내고 싶은 욕심이 생긴다. 그러나 공은 좌로 우로 제멋대로 조금 떴다가 숲이나 연못에 빠지기 일쑤다.

푸른 잔디 위를 걷는 동안, 욕망과 자성의 시간이 교차하기를 여러 번, 과욕을 부리지 말라는 경고와 자칫 건강을 잃을지 모른다는 생각을 앞세워 보아도 소용없다.

마음 따로 몸 따로는 안 될 일이다. 몸과 마음은 늘 함께여야 한다. 그런데 몸을 모르고 마음만으로 덤벼들었던 무지의 소치所致를 왜 진작 몰랐을까. 날개도 안 나온 것이 날려고 한 어리석은 내 처신이 부끄럽다. 갈고 닦지 않으면 정상을 차지할 수 없다는 진리를 모르지 않으면서 말이다.

때때로 나를 흐뭇하게 하는 뉴스가 매스컴에 보도될 때마다 박수를 보냈던 일들이 연상된다. 그들은 흘린 땀의 대가로 정상을 차지했지만, 자책과 고뇌로 얼마나 시달렸을까 싶으니 저절로 머리가 숙여진다.

"세상살이에 어디 지름길이 있느냐?"는 말을 종종 들어왔다. 그 뜻을 알지 못하고 사는 나는 아직도 열중이가 아닌가.

일시천금一矢千金

활을 쏘려고 사대에 서면 앞마당에 새겨져 있는 글들을 보게 된다. 누구나 활을 쏘기 전에 마음을 가다듬고 자세를 바로잡으라는 글이다. 이들 중에 유독 눈에 띄는 것이 있으니, 고아하게 돌비석에 새겨져 있는 '일시천금' 이다.

화살 하나가 천금과 같다는 의미가 아니겠는가. 저 멀리서 붉은 눈동자를 굴리며 꿈적하지 않고 거만스럽게 서 있는 과녁에 화살 하나라도 그냥 보내지 말고 모두 명중시키라는 뜻인 것 같다.

화살이 하늘을 가르며 날아가서 과녁을 때리면 명중이라 하여 1점씩 보태진다. 그러나 땅에 꽂히면 0점이다. 0은 아무리 보태도 0인 것이 수의 개념이 아니던가. 화살 하나에 희비가 갈리는 일은 수없이 많다. 우승의 문턱에서 눈물을 삼켜야 하는 일이 그렇고,

더더욱 가슴을 때리는 것은 빗나간 화살로 인하여 아픔을 안고 돌아서는 일이다. 시위를 떠난 화살은 돌아오지 않는 만큼 아무리 후회해도 소용없다. 그러니 후회하지 않게 진력을 다하라는 주문이리라 싶다.

일시천금.

화살은 꿈을 싣고 떠난다. 크지 않은 꿈이지만 현실을 찾아 날아가서 명중이란 목적을 이루었다는 울림으로 되돌아온다. 그렇게 되기까지는 올곧은 마음과 바른 자세를 수없이 다짐하고 피나는 연마 끝에야 이루어지는 염원이다.

나는 평소 활을 쏘면서 일시천금을 잊고 시위를 놓는 때가 많다. 화살이 그냥 땅에 꽂히면 그때서야 어리석음을 알곤 한다. 활을 들 때만 해도 가르침대로 해야지 하고 다짐하다가 시위를 당기면서 잊어버리니, 화살이 과녁을 벗어날 수밖에 없다. 혹시나 요즘 흔히 듣는 치매현상은 아닌지 깜짝 놀라기도 한다. 이런 일은 시간 저 멀리 밀쳐놓았던 일들을 끄집어내게 하는 동기가 된다.

내겐 일곱 번도 더 바뀌는 강산을 맛보는 동안, 속을 채우지 못한 허한 마음만 켜켜이 쌓여 있다. 궤도를 벗어난 언행들, 되돌아오지 않는 화살처럼 되돌릴 수 없었던 실수와 실언들이 아스라이 풀려 나온다.

나에게 안겼던 동몽기童蒙期에는 공부를 열심히 하지 않은 탓에 좋지 않은 성적표를 들고 집에 들어가지 못했던 일, 농사일을 하기 싫어 집을 뛰쳐나갔던 망나니 행동, 일시적인 면피용으로 했던 거짓말 등이 내 안에서 떠나지 않고 있다. 그런가 하면, 반평생도 넘게 버텼던 직장에서 시원찮은 일처리로 가혹한 매질을 감수해야 했던 일들은 또한 얼마나 많았던가. 가슴 졸였던 세월 저편의 기억들이 실타래처럼 풀려 나오지만, 엎질러진 물은 주워 담을 수 없듯이 지금은 회한의 조각으로 앙금이 되어 있을 뿐이다.

그때 나에게 날아온 질타는 가슴에 꽂히는 비수처럼 마음 아리게 하지 않았던가. 그럴 때마다 '왜 그랬을까' 하고 스스로를 매질하며 다시는 그러지 않기를 다짐해도 실행하지 못했다. 불충한 인간임을 자각하기는 수십 년의 세월을 버리고서야 겨우 마음 안으로 끌어들일 수 있었다. 지금이라도 그런 일을 거울삼아 사람다운 삶을 살아보려고 해도 생게망게하기만 하다. 그러니 나는 아직도 도사리에 지나지 않은 사람인 것을…….

일시천금은 지금 이 순간을 위해 촌음이라도 헛되게 쓰지 말라는 가르침인 듯하다. 나아가 재물이 있다고 물 쓰듯 하는 일이나, 물건을 함부로 쓰는 일도 자제하라는 경구로 다가온다. 이는 옛 선인들이 활을 통하여 인생의 도를 깨우치고 몸소 실천하였던 생활철학이었을 성싶어서다. 이런 선인들의 가르침 속에는 무예를 닦는 무사에게는 화살 하나에 생사의 갈림이 있음을, 풍류를 즐기는 사람에게는 언행을 조심하고 재물을 아끼라는 뜻도 함축하고 있지 않을까. 잘났다고 거들먹거리지 말고, 잘산다고 허세부리지 말고, 잘한다고 뽐내지 말라는 조신의 의미도 일시천금에서 깨쳐야 할 것이다.

휙-하고 날아가는 화살만큼 빠르게 달아나 버리는 세월. 내게 남아 있는 시간 일시천금을 깨치며 살아가야 하리라.

굿샷good shot

늘그막에 골프를 배우기 시작했다. 친구의 권유가 극성이었고 대중화되어가는 운동이라 싶어 골프연습장에 등록을 하고 배우게 되었다. 처음에는 한 3개월 정도 연습하면 필드(골프장)에 나갈 수 있으리라는 코치의 말을 듣고 열심히 익혀나갔다. 그런데 어찌 된 일인지 처음 예상한 기간을 훌쩍 지나서도 필드에 나갈 수 있을 만큼의 실력이 갖추어지지 않았다. 푸르고 폭신폭신한 잔디 위를 거닐게 될 것이란 기대가 현실로 다가오는 데는 오랜 시간이 걸렸다.

하루하루 시간이 지나면서 마음이 흔들리고 자신감이 떨어졌다. 그러면서 온갖 생각들이 머리에 채워지기 시작했다. 나는 왜 남들처럼 공을 제대로 맞추지 못할까? 번민이 일어나고 종잡을 수 없이 마음이 흔들렸다. 백스윙은 제대로 되는가, 손목의 돌림은 정상인가, 허리는 제대로 돌아가는지 등이 마음에 걸렸다.

골프는 정지되어 있는 공을 제대로 맞춰 때리기만 하면 된다. 다른 구기 종목은 모두 움직이는 공을 맞추거나 치게 되는데 이 점이 다르다. 그래서 제자리 서 있는 공쯤이야 못 치겠는가 싶은 마음으로 달려들었으나 영 그게 아니다. 더구나 운동이라면 못할 것이 없으리란 자신감이 시간이 갈수록 따스한 물에 녹아드는 얼음 같기만 하다.

내가 지금껏 배워본 운동 중에서 가장 힘든 것이 골프인 듯싶다. 다른 운동은 기술은 다양할지 몰라도 한 가지 기구를 사용하는 일이 태반인데 골프는 그렇지 않다. 장거리용, 중거리용, 단거리용의 골프채와 홀컵에 넣기 위한 퍼터 등 무려 열서너 가지가 있다. 갖가지 골프채마다 타법이 다소 다르기 때문에 연습할 때 충분히 숙지하지 않으면 안 된다. 그런가 하면, 홀hole도 세 번, 네 번, 다섯 번 맞춰서 넣도록 뒤섞여 있어 혼동하기 쉽다.

지금은 진퇴양난의 갈림길에 서서 헤매고 있다. 전문적인 기술을 익히기에는 늦은 것 같고, 그렇다고 그만두자니 지금까지 배운 것이 아깝다는 생각이 들어서다. 이처럼 다양한 기술을 요하는 어려운 운동이라면 시작하지 말았어야 했는데 그러지 못한 후회가 점점 커지고 있다.

어쩌다 골프장에 가면 먼저 기부터 꺾인다. 나이도 나이지만, 각종 골프채며 복장에서 수준미달이라는 선입감을 갖게 된다. 자격지심인지 몰라도 다른 사람의 골프채나 복장은 비싸고 질 좋은 것이리라 싶으면 시작하기 전부터 힘이 빠진다.

기가 꺾이면 첫 홀부터 공이 제대로 맞지 않는다. 괜히 몸에 힘만 잔뜩 들어가서 엉뚱하게 공을 치게 된다. 똑바로 가야 할 공이 활처럼 휘어서 날아가면 마음은 억제하기 힘들 만큼 흔들린다. 동료들 보기 민망하여 쥐구멍에라도 들어가고 싶은 생각이 앞선다. 이러니 어찌 타수가 늘어나지 않겠는가.

간혹 프로들이 게임하는 모습을 TV를 통해 보면 쉽게 치고 시원하게 마무리한다. 더구나 세계를 제패하는 골퍼를 보면 경이롭고 자랑스러워 보인다. 나도 오랜 연습으로 그렇게 될까 싶은 긍정적인 마음이 들다가도 나는 왜 못할까 하고 자학하는 일이 더 많다.

무슨 운동이든 배울 때부터 몸에 익히는 수순을 밟아야 한다. 그것은 한창 순발력이 솟아오르는 청소년기가 제일 좋다는 것이다. 그러니 내가 골프를 배우기에는 너무 늦은 감이 있다는 생각이 들 수밖에 없다.

지금껏 골프를 배우면서 느낀 감정은 수백 가지나 될 것이다. 코치로부터 기초를 배우면서부터 기발한 타법이 있는가 싶어 요리조리 자세를 바꿔보기 일쑤였다. 이런 행동은 한참 뒤에야 엉뚱한 길임을 깨닫게 되었지만, 그게 지름길을 찾다가 막힌 골목길을 만나 되돌아 나오는 꼴과 같은 격이다. 이러다 보면 동료들은 한참 앞서가는데 나는 무슨 꼴인가 하고 자탄하기 예사다.

우리가 하는 일을 처음부터 잘할 순 없다. 충분한 훈련을 거쳐야 숙련의 위치에 다다르고 그렇게 하는 것이 정상 궤도에 진입하는 순서다. 이 세상 어느 것도 지름길을 개척하기는 쉽지 않다. 천천히 걷더라도 바른길을 따른다면 빨리 달려도 제 길을 벗어난 사람을 앞지를 수 있는 이치와 다르지 않다.

지금까지 정상을 향해 수많은 사람들이 도전하는 것을 봐 왔다. 그런 과정에서 중도 탈락하는 사람은 얼마나 많았던가. 진정한 승자는 좌절과 고통을 넘어선 사람만이 얻을 수 있는 결과임을 모르는 사람은 없을 것이다.

나는 정상을 차지하려고 하지는 않는다. 다만 내 위치를 제대로 지키는 길을 찾아 그대로 가고 싶을 뿐이다. '채우기 위해서는 비워야 하고 잡기 위해서는 놓아야 한다' 는 말이 늘 가슴속에서 맴돈다. 비록 성공은 못 해도 즐기면서 골프를 치겠다는 마음만은 놓지 말아야 할 일이다.

과욕을 버리고 분수에 맞는 성적을 목표로 쉼 없이 정진하는 길이 최선이리라 싶다. 힘껏 친 공이 멀리 날아가 잔디 위에 떨어지는 굿샷의 순간이 꿈에 종종 나타나고 있다.

습사무언習射無言

궁도장 어디든 '습사무언'을 새겨 놓은 크고 작은 비석을 볼 수 있다. 활을 쏠 때는 말을 하지 말라는 의미로 쉽게 풀이하는 글이란다. 사대에 서는 궁사가 마음에 새겨야 하는 잠언 중의 하나인가 싶다.

활을 처음 배울 때는 먼저 궁도 9계훈戒訓과 집궁 시 기본원칙을 익힌다. 그것은 활을 잡기 전에 가다듬어야 할 기본정신을 말함이다. 기본 도리를 모르고 활을 쏜다는 것은 자칫 경거망동으로 이어질 수 있음을 경계하는 의미인 듯하다.

궁도에 이런 심오한 진리가 스며 있는지도 모르고 덤벼들었다. 그냥 시위만 당겨 화살을 보내면 되리라 싶었던 것이니 명궁의 길이 멀어질 수밖에 없었나 보다.

내는 활을 쏘면서 깊은 고뇌에 빠진 적이 더러 있었다. 처음 배울 때 몇 달은 명중률이 상승하더니 어느 정점에 이르니 하향곡선을 긋기 시작했다. 왜 그런지 원리도 모른 채 명중률을 높이려고 허덕였던 기억은 아직도 머리를 짓누른다. 그것은 조금 안다고 거들먹거렸던 탓도 있지만, 정신자세가 흐트러졌기 때문이었다. 그래서 처음처럼 해보려고 정숙한 자세를 취해봤지만 목표치의 상승은 한계에 부딪치고 말았던 것이다. 덜 닦여진 정신수양의 단면이었던 일이라서 더욱 잊히지 않는다.

궁도는 잡념을 떨쳐내고 절대 안정으로 시위를 당겨야 명중의 희열을 맛볼 수 있다고 한다. 그러니 순간의 번뇌 망상이 스치면 과녁을 벗어날 수밖에 없다.

순결하지 않으면 불사不射에 그칠 수밖에 없다는 진리, 그 가운데 말을 하게 되면 불사의 비중이 더 커짐을 알 수 있다. 이처럼 불안정한 심신은 무절제한 속사速射를 유발하게 되고 불사의 악순환으로 이어짐을 자주 볼 수 있으니 말이다.

옆에서 활을 쏘는 동료 중에 말을 하거나 몸가짐이 바르지 않은 사람의 화살은 과녁을 빗나가고 만다. 자주 불사하게 되면 궁싯거리고 얼굴색이 달라지며 스트레스가 쌓이는 것 같다. 별것 아닌 것 같아도 작은 일이 더 큰 화를 불러오지 않을까 싶을 때도 있다. 이럴 때는 남의 아픔이 내 아픔으로 전이되는 듯해서 세심洗心하는 기도가 절실해짐을 느낀다.

'침묵은 금' 이라더니 절에서는 묵언默言을 제일로 친다. 삼함三緘이란 쪽지가 붙어 있음은 아예 입을 꿰매라는 의미인 듯하다. 무심 무념을 실천하여야 참 도道를 익힐 수 있음이라 여겨지니 궁도도 같은 맥락이라 싶다.

예부터 말은 말꼬리를 만들고 말 많은 사람을 수다쟁이라 했다. 그런 사람의 말은 제대로 믿지 않으려 한다. 나도 말로 인해 낭패본 일이 더러 있다.

말은 때와 장소를 가려야 함을 왜 모르겠는가. 무턱대고 친구와 이야기하는 중에 남의 험담이라도 하다보면 상대가 옆에 와서 있는 경우가 있다. 황당한 일이라 해명하기에 진땀을 흘렸던 기억이 떠오른다. 어디 그뿐인가. 험담은 꼬리를 물고 화살이 되어 내게로 날아왔던 일이 더러 있었으니 말이다.

'3초 만에 한 말이 30년 동안 가슴에 못을 박는다' 는 말과 같이 무심코 던진 말 한마디로 평생을 후회하며 사는 사람을 보면 남의 일이 아닌 것 같다.

말을 많이 하면 반드시 필요 없는 말이 섞여 나오는 법. 귀는 닫을 수 없지만, 입은 언제나 닫을 수 있다. 필요할 때만 말을 하라는 것이 아니겠는가. 어느 스님께서 '말을 많이 하면 할수록 이것에서 더 멀어질 뿐' 이라고 했다. '이것이 곧 마음' 이라 새겨들으니 이 말의 깊이를 깨달아야 할 것 같다.

가끔 막말이 세상을 깜짝깜짝 놀라게 하는 경우를 더러 본다. 그것도 높은 자리에 있는 사람이 함부로 말을 내뱉을 때는 실망과 혐오감을 갖게 하고 신뢰가 추락됨을 느낀다.

공자가 하지 않아야 할 것 중에 '자기 언행에 있어 반드시 틀림이 없다고 단정을 내리는 것' 이라고 했고, 잘 꾸미고 말 잘하는 사람 중에 어진이 없다고 하는 말은 깊이 새겨야 할 일이다.

말은 안 해서 후회되는 일보다 해 버렸기 때문에 후회하는 일이 많다고 한다. 그러니 가납사니*들은 궁도장에서 습사무언을 먼저 배우고 익혀나감이 좋으리라 싶다.

명중이라는 소리가 터져 나올 때까지는 말을 말아야지.

*가납사니 : 쓸데없는 말을 크게 떠들어 대기 좋아하는 수다스러운 사람.

온천도 싫어하는 담배 연기

봄맞이 일본 여행을 갔을 때다.

우리가 먼저 찾아간 곳은 온천 도시 벳부였다. 그 도시에는 2800여 개소의 온천수가 수증기를 뿜어내고 있어 도시 전체가 하얀 구름으로 덮여 있는 듯했다. 그 가운데 아홉 개의 지옥地獄(온천이 분출하여 만들어진 작은 연못)이 유명하다는 이야기를 들었다.

그중에서도 '가마도 지옥'(일명 '부뚜막 지옥')이 백미白眉라는 말을 듣고 그곳을 견학하기로 했다. 산 중턱에 하얀 연기가 높게 솟아올라 어디쯤인지 쉽게 가늠할 수 있었다. 그러나 찾아가는 길이 좁아 접근하기가 쉽지 않았다. 잠깐이었지만, 궁금증으로 얼른 다다랐으면 하는 마음뿐이었다.

가마도 지옥은 땅속에서 뿜어져 나오는 증기로 밥을 지어 신에게 바쳤다는 관습에서 지어진 이름이라 했다. 이곳에는 수온이 각기 다른 여섯 개의 작은 연못이 있었다. 연못 표지판에는 지하 30m에서 분출되는 물의 온도가 섭씨 80도에서부터 100도 사이임을 나타냈다. 이들 연못은 수온에 따라 각기 색깔이 다른 다양한 모습이었다. 온도가 높을수록 푸른색을 띠고 낮을수록 붉은색을 띤다는 기이한 현상을 확인할 수 있었다. 어찌 물의 온도가 다르다고 색깔마저 이렇게 다를 수 있을까 싶은 의문은 내내 해답을 찾을 수 없었다.

끓어오르는 물도 그렇고, 술이 발효할 때 괴는 것처럼 땅속에서 부걱거리며 솟아오르는 진기함도 볼거리였다. 그보다 더 신기한 일은 솟아오르는 수증기에다 담배연기를 내뿜으니 하얀 뭉치구름이 되어 비상하는 현상을 나타냈다. 혹여, 그 온천의 숙련공이 흥미를 끌기 위해 벌이는 가장된 쇼가 아닌가 싶어 직접 실험해 보니 결과는 다르지 않았다. 과학적으로 풀기에는 어려웠지만 이를 두고 온천도 담배 연기를 싫어한다는 증거라며 안내자가 소개했다. 연기는 사방 둘러선 여행객에게 달려들었고, 담배 연기를 싫어하는 나는 깜짝 놀라 몇 발짝 뒤로 물러설 수밖에 없었다.

이런 광경을 목격하자 예닐곱 살 적 죽을 고생을 했던 기억이 생생하게 떠올랐다.

그때는 어른들 대부분이 담배를 피웠다. 때로는 담배 연기를 내뿜으며 멋을 부리는 광경을 쉽게 볼 수 있었다. 게다가 골초들은 담배가 부족하자 마른 나뭇잎을 보태서 피우는 모습도 자주 눈에 띄었다. 나는 담배가 얼마나 맛이 있어서 저렇게 힘 있게 빨아들일까 싶어 호기심이 생겼다. 그러다 아무도 없는 방에서 아버지가 피우시다 만 담배에 불을 붙여 입안 가득히 빨아들여 보았다. 그 순간 기침이 심하게 나고 뱃속이 울렁거렸다. 잠시 후 정신이 혼미해졌다. 기침 소리를 듣고 달려온 어머니는 급히 온몸을 주무르다가 그래도 멎지 않자 쌀뜨물까지 만들어 가져왔다. 나는 그 물을 마시고 나서 다소 진정되었고 이내 잠이 들었다. 그런 일을 겪은 뒤로 담배는 보기 싫은 존재가 되었다.

나와 같은 일을 당했다는 이야기는 여럿으로부터 들은 바 있다. 그럴 때마다 담배에 대한 혐오감이 더욱 커졌고, 지금도 담배 연기만 보면 멀리 도망가기 바쁘다.

담배 연기를 싫어한다는 온천! 그 현장을 보는 순간 애연가의 심정이 어떨까 궁금했다. 그리고 현명해 보이는 온천의 화학적 반응에 박수를 보내고 싶었다.

담배는 백해무익이라고 그렇게 선전을 해도 흡연가의 숫자는 줄지 않는다고 한다. 더구나 학생들이 몰래 피우는 수가 날로 늘

어남도 문제거니와 초등학생에 이르기까지 흡연을 경험하고 있다는 사실에 대해 걱정하는 목소리가 높아가고 있다.

이런 현상은 기성인의 책임도 없지 않다는 것이다. 제대로 된 가정이라면 이러지 않다는 통계를 보면 가정해체라는 또 다른 암운이 덮이는 것 같다.

각종 매스컴을 통해서도 그렇지만, 담뱃갑에 새겨져 있는 살인적 표현 이미지를 보면 섬뜩하기까지 하다. 흡연가는 그것마저 아랑곳하지 않으니 무감각적 행위가 더 무섭지 않은가.

온천의 수증기마저 담배를 싫어한다는데…….

영원한 미소

1600여 년 전 모습 그대로의 미라를 보았다.

투루판 박물관에 전시되어 있는 수많은 유물들, 그중에서도 안내원이 힘주어 설명하는 여인은 유리관 안에 편안히 잠들어 있었다.

중국의 서쪽 신장위구르 자치구에 속한 도시 '투루판'. 이곳에 들어서니 한적한 느낌이 앞섰다. 사방은 광활한 사막뿐이고 도시는 오직 오아시스지역에만 형성되어 있었다. 히말라야의 설산에서 흘러내린 물이 솟구쳐 이룬 땅이라 일정한 한계가 있었지 싶다. 이곳은 2천여 년 전부터 서역西域 지방의 정치, 경제, 문화의 중심지였고, 실크로드의 요충지로 사람이 살았던 흔적들이 곳곳에 남아 긴 역사를 지켜주고 있다.

연 강수량은 16㎜에 불과하여 7월에도 습한 기운이 전혀 느껴지지 않았다. 기온이 높아도 습도가 없으니 무엇이든 빠르게 건조하기 때문에 고분古墳은 물론, 여느 무덤에서든 미라가 쉽게 발견되고 있다는 것이다.

박물관에 안치된 미라는 여럿이었다. 그중에 살아 숨 쉬듯 얌전하게 누워 있는 완벽한 미라를 눈여겨보았다. 사오십 대 여자로 짐작되었다. 150㎝가 조금 넘을 정도의 키에 얼굴은 잔잔한 미소를 머금고 있었다. 언뜻 겨울철 건조대에 걸려 있는 대구大口가 연상되기도 했다. 말라버린 것 말고는 원형대로(배를 가르지 않은)였다. 꿈틀하며 금세라도 일어설 것만 같았다. 한순간 삶과 죽음의 경계선이 있기나 한 것인지 잠시 판단이 흐려졌다. 지금껏 인식하고 있던 육신의 소멸에 대한 일반적 상식을 뛰어넘는 일이라 그럴 수밖에 없었는지 모른다.

인간의 육신을 두고 '살아 백년, 죽어 백년' 이란 말이 있다. 어떤 형태로든 사람이 자연 속에 존재하는 시간을 두고 이르는 말일 것이다. 이런 논리에 비추어 보면 이 미라는 자연을 거역하는 하나의 표본으로 삼아도 될 것이라 싶었다. 그리고 언젠가는 소멸하지 않을까 하는 기대는 기우일 것 같기만 했다.

잠시나마 나도 미라가 되어 영원히 존재하는 길을 택하고 싶다는 마음이 일었고, 내 영혼도 함께 안치해 둘 수 있다면 더 좋을 것이란 욕심까지 생겼다. 하지만, 만물은 자연에 순응해야 함이 마땅하다 싶어 금세 마음을 가다듬었던 것이다.

잠시 뒤 섬광처럼 물음 하나가 뇌리에서 맴돌기 시작했다. 죽음은 무엇인가? 단순하게 삶의 단절, 혹은 육신의 소멸이라고 말하지 않는가. 죽음을 두고 천당으로 가거나 지옥으로 간다는 등 선악을 가려 살라는 주문도 많다. 죽음에 대해 혹자는 '죽음보다 더 큰 스승은 없다' 라고 말하기도 하고, 육신은 없어져도 영혼은 불멸하다고 설파하기도 한다. 그런 인식에서 바라본 미라는 지금까지 죽음은 곧 소멸이라는 보편적 판단이 허구일 것 같다는 생각에 이르게 했다.

나는 미라를 보면서 육신도 영원히 존재할 수 있겠다는 섣부른 판단을 내리게 되었고, 이어 더 깊은 영혼을 찾아가는 시간을 가질 수 있었다. 얼굴에 새겨진 모습만으로도 삶의 흔적을 읽기에 부족함이 없어 보였다. 마음씨는 늘 온화하고 겸손하며 어려운 일을 쉽게 풀어나가면서 많은 덕을 쌓았으리라 싶었다. 사는 동안 걱정보다는 안심을, 성냄보다는 웃음을 앞세워 스스로 내공을 쌓으면서 행복한 삶을 살았으리라. 그러다가 청정하게 해탈한 모습으로 죽음을 맞이하였고, 죽은 뒤에도 깊은 열락에 빠져들었을 것만 같았다. 그래서 '이승의 행복했던 삶이 그렇게 좋았던 걸' 하고 낮은 목소리로 내 귀를 울렸던 것일까.

언젠가는 지난 삶을 반추하며 후세에 전할 소중한 이야기들을 들려주리라 싶던 미라. 행복했던 삶에서의 소중한 영혼을 끌어안고 다가올 내세를 기다리고 있는지 모른다. 마치 새 세상을 열려는지 무념으로 일관해 있는 자세는 무량겁을 기약하고 있는 듯해서다. 이런 모습은 이승의 끈을 놓지 않고 영원을 살고 있는 표상表象처럼 내 안으로 들어와 오래 머물러 있을 것만 같다.

사람의 생각은 여러 가지 모습으로 외부에 나타난다고 한다. 미라가 보여준 미소는 생전의 삶에서 성숙된 의식의 표현이었을 듯싶다. 미라를 통해 그런 삶을 닮아가는 현지인들의 밝은 모습 또한 눈에 선하니 말이다.

미라가 보여 준 미소 넘어 나의 지난 삶이 거울처럼 비쳐진다. 나는 어떻게 살아왔던가. 앞으로 어떻게 살다가 죽어야 저런 모습이 될까 하는 물음에 해답을 찾을 수가 없다. 미라처럼 살다 가고 싶다는 생각은 지나친 망상이리라.

사람이 사는 시간은 길지 않다. 찰나라 싶은데도 욕심내고 다툼으로 일관하고 있는 것이 오늘의 현실 아닌가. 나도 그중 한 사람이란 생각을 쉽게 떨쳐버릴 수가 없으니 어쩌면 좋을까.

영원히 웃고 있을 미라가 눈에서 떠나지 않는다.

지하도시

오래전부터 갈망했던 터키여행을 통해 카파토키아를 둘러보게 되었다.

지하도시가 있는 '데린쿠유'는 데브란트, 파사바, 괴뢰메로 이어지는 카파토키아의 중심지이다. 이곳에는 화산으로 굳어진 석회암 덩어리가 여러 가지 모양을 하고 있었다. 그중 버섯처럼 서 있는 바위들의 군상은 자연이 빚은 최상의 조각품이었다.

내가 찾아간 첫날은 바위를 뚫어 만든 석굴호텔에서 편안하게 잠을 잤다. 냉난방시설이 필요치 않은 자연친화적인 잠자리였다. 호텔 주변을 비롯하여 곳곳에 굴을 뚫어 주거지로 혹은 종교시설로 이용하였다는 흔적이 수두룩했다. 이런 석굴을 보니 상상하기 힘든 아픔이 전이되는 듯했다.

지하도시가 있는 '데린쿠유'는 데브란트, 파사바, 괴뢰메로 이어지는 카파토키아의 중심지이다. 이곳에는 화산으로 굳어진 석회암 덩어리가 여러 가지 모양을 하고 있었다. 그중 버섯처럼 서 있는 바위들의 군상은 자연이 빚은 최상의 조각품이었다.

여러 곳을 둘러 '데란쿠유'에 있는 지하도시를 찾아갔다. 이곳은 종교 박해로 인해 숨어 살았던 기독교인들의 집단 삶터라고 소개했다. 1세기부터 4세기까지 무려 삼사백 년을 지하에서 종교생활을 이어가기 위해 마련한 공간이었다. 아직도 그 규모를 정확히 알 수 없지만 지금까지 지하 20층 깊이로 만들어진 교회, 식품저장고 등 거주지 40여 군데를 발견했다는 것이다.

입구의 좁은 문을 열고 들어가 8층 깊이까지 내려갔다. 통로는 어깨와 머리가 닿을 정도의 미로였고 간간이 집합장소인 듯 10여 평 남짓한 공간이 몇 군데 보였다. 비좁은 통로는 침입자를 방어하는 수단이었다고 하지만 숨이 막힐 정도로 갑갑했다. 내가 둘러본 곳에는 빗물을 받기 위해 지상으로 뚫려 있는 구멍과 그 물을 가둘 수 있는 우물 하나만을 볼 수 있었다.

이런 탐방을 통해 6 · 25한국전쟁 때 마을 뒷산 작은 토굴土窟에서 얼마간 지낸 기억이 떠올랐다. 굴이라야 어른들이 며칠 동안 땀을 흘리면서 겨우 4~5m 정도 옆으로 파 들어간 것일 뿐. 그 굴에서 지내는 동안 겁이 나고 갑갑하고 좀이 쑤셔 얼른 집에 가는 생각만으로 시간을 보냈었던 일이다.

지하도시를 탐험하듯 둘러보는 동안 풀리지 않은 의문이 어릴 적 기억과 교차되었다. 흙도 없는 땅속의 단단한 바위를 무엇으로 어떻게 뚫었을까 하는 궁금증이었다. 그때의 굴착장비로 정과 망치만이 떠올랐다. 하찮은 장비로 이처럼 넓고 깊은 지하도시를 만드는데 바친 세월은 얼마이며 피눈물 나는 고통은 어떠했을까 하는 여러 생각들로 이어졌다.

지하로 숨어들어 살아야 했던 절박한 상황은 궁금증을 더욱 부채질했다. 그리고 그들이 오랜 세월 지하에서 숨어 살았을 생활상이 상상되었다. 어둠을 어떻게 밝혔으며, 한정된 공기와 부족한 물의 사용 등, 더구나 먹을거리를 만드는 데도 특수한 방법이 있었을까 싶은 생각들이 줄을 이었다.

또한 종교박해에 따른 외부의 감시도 걱정거리여서 늘 경계를 게을리하지 않았을 것이란 생각이 앞섰다. 그처럼 어려운 환경에서 종교생활을 이어가기란 쉽지 않았어도 4세기를 버텼다고 하니 그 고통이 얼마나 컸을까?

그들은 믿음을 통하여 삶의 근본적 가치를 깨달았을지 모른다. 극심한 육체적 노동에도 굽히지 않고 정신적으로 극복한 이념은 종교에서 찾아내었을 성싶다. 경전을 읽고 학문을 연구하며 성령을 닦아 가면서 언젠가 다가올 행복을 갈구했을 것만 같다. 이런 힘의 원천은 자유를 선택한 삶의 가치관과 하나로 뭉친 친화력이 확고했기 때문이었을 것이다.

지하공간에는 벽화나 유물 등이 보이지 않아 여유롭지 않았을 삶이 짐작되었고, 퀴퀴하게 코를 찌르는 것은 그들이 흘린 피와 땀이 어려 있어 그러리라 싶었다.

지하도시 방문을 통하여 어려운 곳을 도피처로 정한 그들의 극한적인 삶을 체험하게 되었고, 한편으로 사람이 살아가면서 극복할 수 있는 한계가 어디까지일까를 짐작케 하는 계기가 되었다.

사람이 자연을 활용한 흔적들이야 세계 곳곳에 남아 있다. 하지만, 그들이 남긴 지하도시는 후세에 의문 덩어리로 남아 있을 것이라는 사실이다. 지질이 연한 땅속을 선택하지 않고 단단한 바위를 뚫으려고 평생을 망치질하며 살았을 그들은 기나긴 고난의 시간을 이겨낸 성자聖者였으리라.

지하도시를 통해 얻은 것은 많다. 환경이 아무리 어려워도 극복하고자 하는 정신력이 확고해야 한다는 사실, 종교를 통한 믿음 하나로 뭉친 결속력은 어떤 역경도 이겨낼 수 있다는 신념이다. 그와 반면에 여유로운 생활환경은 물질만능의 '풍요로운 감옥'에 갇혀 해이해지고 연약해지는 지금의 젊은 세대와 대비할 수 있는 기회가 되어서다.

지금은 초고속 정보화 사회로 나아가고 있다. 급속한 사회 변화에 정신문화가 뒤따르지 못한다고 걱정하는 말이 많이 들린다. 이를 두고 생활이 풍족해지니 낭비가 심해지고 정신적으로 나태해지는 현상이라고 한다. 역사를 통해서도 외적의 침략이 없었던 때는 나라 안에서 자중지란이 있었음을 알고 있다. 긴장이 풀리고 안이한 생각에서 수반되는 이완현상, 그 전망은 어떨까 쉽게 가늠이 되지 않는다.

물질적으로 조금 풍요해졌다고 삶의 가치관이 변하고 있는 지금, 지하도시의 생활상을 반면교사로 삼아야 하지 않을까.

지하도시에서 얻은 삶의 정의定意를 본받으면 좋으리라 싶을 뿐이다.

여의도 1번지

언젠가 덴마크 여행을 갔을 때다.

그 나라 국회의사당을 견학하게 되었다. 건물 앞에 많은 자전거가 거치대에 줄지어 있었다. 안내원은 이 자전거가 국회의원들이 타고 온 자가용이라 했다. 이들 대부분은 사업장을 가지고 있으며 환경미화원이나 구두 닦기를 하는 사람도 있다는 것이다. 그리고 낮에는 자기 사업에 종사하고 밤에 모여서 회의를 여는 일이 다반사라는 설명이었다. 그래도 아무런 문제없이 국정수행을 잘 해나간다는 말에 더 힘을 주는 듯했다.

이어서 정문 현관에 세워져 있는 4개의 조각상을 보았다. 이가 아파 찡그리고, 귀가 아파 귀에 손을 대고 있다. 머리가 아파 고통스러워하고, 배가 아파하는 사람들의 표정을 그린 조각이었다. 국가 지도자는 국민들의 고통을 잘 기억하고 선정을 베풀라는 뜻이 담겨 있다고 했다.

설명을 듣고 난 일행 모두 한동안 자리를 뜨지 않았다. 아마도 우리나라 국회의원들을 떠올리는 듯싶었다. 이 나라 국회의원들은 너무나 민주적이고 탈권위주의적이라며 입을 모았다. 곧바로 한 마디씩 우리 국회를 비판하는 성토장이 되었다. 어떤 사람은 목에 핏줄이 돋고 얼굴이 붉으락푸르락하기까지 했다.

덴마크는 면적이 좁고 외세의 침략을 숱하게 받았던 지난날의 역사를 지니고 있다. 위정자들이 선정을 베푼 결과 지금은 국민소득이 높고 복지를 우선하고 있어 행복지수가 매우 높은 나라다. 국제적인 환경은 여의치 않아도 국민 모두가 하나로 뭉치는 힘이 세계 여느 나라보다 높은 것으로 알려져 있다.

이런 나라를 견학하면서 상대적으로 우리나라 국회의 활동사항이 영상처럼 떠올랐다. 그중에 가장 강하게 머리를 스치는 일은 쇠망치로 문을 부수는 일과 최루가스를 의장석에 분사하는 일이다. 다음으로 20년도 넘게 법정시한을 지키지 않은 예산안 의결을 비롯하여 민생법안 처리를 미루고 있는 행위다. 비단 그것만이 아니다. 엄연한 삼권분립의 민주체제 국가임에도 나날이 자기들 권한을 키워가고 있는 일도 그중 하나다. 그런가 하면, 여야 간에 당리당략을 앞세워 얼굴 붉히며 싸우지 않는 날이 없을 정도로 으르

렁거린다. 이런 모습은 선량한 국민들을 외면하고 오직 자기들 권익만을 내세우는 불통정치를 하는 집단 같아 보인다.

어느 지관이 여의도 1번지의 터가 세어서 만나기만 하면 싸운다고 했다 그게 사실이라면 우리나라는 두고두고 그런 전철을 이어가야 하리라 싶으니 걱정스럽기만 하다.

조용히 머리를 식히면서 지난 국회의원 선거를 떠올려 본다. 선거에 출마한 사람들 모두 나라를 위하고 국민을 섬기며 한 몸 바치겠다고 열을 올리지 않았던가. 그렇게 선량한 척하며 애국자가 되겠노라고 목이 터져라 외쳐대던 모습이 너무나 생생하다.

그러나 국회의원이 되고 난 후에는 초심은 시궁창에 버렸는지 지금은 180도로 변한 자세다. 한 번 돌아간 자세를 제자리로 돌려놓으려면 쉽지 않을 듯싶고 여기에 관성이 붙으면 더 어려워질 같으니 어쩌면 좋을까.

세계는 지금 자국自國의 이익과 발전을 위해 위정자爲政者들이 온몸을 바치는 일로 바쁘게 돌아가고 있다. 이런 일을 보면서 부러움이 머릿속 깊이 새겨지고 제발 국회가 제자리로 돌아왔으면 하고 빌어 보지만 쓸데없는 걱정인지 모르겠다.

잠시 우리나라의 상황을 생각해 본다. 사방을 둘러싼 지정학적

형세를 보면 한시도 정신을 놓을 수 없는 처지다. 북한의 침략야욕이 쉴 새 없고 주변 열강들의 노림수는 늘 경계의 대상이 되고 있어서다. 너무나 급박한 세상이고 앞날을 예측하기는 더욱 어려운 때이다. 정신 차리고 열심히 일을 해나가도 선진국을 따라 잡기는 힘이 든다. 그런데 지금처럼 싸움질이나 해대고 국정을 소홀히 해서는 망국亡國의 길로 갈 수밖에 없는 일이 아닌가. 과거 잘살던 나라들이 지금은 어렵게 사는 나라로 몰락한 사례를 보면 알만한 일이다.

국회를 운영해가는 의원들은 지금이라도 마음을 내려놓고 일편단심 나라만을 위하는 자세로 돌아서면 좋지 않을까. 그러려면 선진 국회 견학한다고 아까운 혈세 아무데나 뿌리지 말고 덴마크에 가서 하나라도 배워 오면 될 일이다.

작품 해설

겸허하고 순박한 멋

고동주(수필가)

작품 해설

겸허하고 순박한 멋

고동주 수필가

박태주의 수필은 작품집 차례에 나열된 제목들만 보아도 아늑한 전원田園풍경을 만나게 된다. 두릅나무며 은목서가 있고, 돌탑도 있다. 한편 옹달샘과 계곡의 물소리도 들리면서 서정적인 분위기에 젖어들게 한다. 그것은 작가의 출생지 영향인 것 같다.

마을 뒤에는 높은 산이 병풍처럼 둘러섰고, 앞에는 넓은 들판이 국도國道를 넘어 바닷가에 닿았다.

마을 주민들의 인정이 유달랐고, 가난 속에서도 평온이 넘치는 풍속에서 철이 들었다. 그런 환경에서 형성된 삶의 뿌리가, 뒤늦게나마 수필을 통하여 하나씩 싹트기 시작했다.

박태주는 청 · 장년기를 공직에 몸담아 35년간 지역발전에 기여한 후, 늦깎이로(2005년) 《수필문학》지를 통하여 문단에 등단하였다.

현직에 있을 때부터 수필에 매력을 느껴, 대학의 문예창작과를 졸업했으며, 수필을 공부하기 위한 모임인 '물목문학회'에도 열심히 참여하여 수련을 쌓았다.

뒤늦게 시작은 했지만, 흐르는 세월을 붙잡을 수도 없었다. 그래서 남보다 더 많이 읽고, 더 많이 생각하고, 더 많이 쓰는 방법을 택할 수밖에 없었나보다. 그는 오랜 공직생활을 통한 경험과 노년기에 접어들 때까지의 인생항로도 자신의 삶을 진솔하게 드러내는 바탕이 되었다. 그런 이유로 작품마다 삶을 통한 인생의 발견과 해석이 묻어 있고, 진솔한 삶의 의미가 알차게 배어들었음을 보여주고 있다. 어쨌든 신인답지 않는 세련미가 좋았다.

몇 편의 작품들을 대상으로 그의 작품세계의 대강을 살펴보고자 한다.

> 서산에 걸린 해를 보고 중천에 떠 있으면 얼마나 좋을까 하고 마음속으로 수없이 빌고 있다. 우매한 상념이라도 그 희망을 향한 의지는 식을 줄 모르니 미욱할 뿐이다.

오늘도 '저 세월은 고장도 없네' 하고 웅얼대다가 문득 생각을 돌려본다. 고장도 없이 흘러가는 세월의 순리를 무슨 방법으로 거역하랴. 그러니, 그렇게 미련한 어리석음일랑 내려놓을 일이다. 지금까지 누린 것 감사하고 베풀 수 있는 대로 베풀면서 마무리하는 황혼의 꽃다발이나 멋지게 꾸며볼 수밖에…….

—〈벽시계〉 중

박태주가 어릴 적에는 시계 소리를 들을 수 없었다고 한다. 잠이 깨어 일어나면 아침인 줄 알고, 어두워지면 밤이라는 느낌으로 살았으니까.

그러던 어느 날, 아버지께서 벽시계를 사 오셨는데 너무도 신기했을 뿐, 시곗바늘이 돌아가는 것에 별다른 의미를 느끼지 못했던 것이다. 그러다 세월이 한참 흐른 후에는, 그 시계 소리가 생명을 거두어가는 소리로까지 들리게 되었던 것이다.

오랫동안 변함없이 자리를 지켜온 시계에 대한 관심이, 성장 수준과 환경에 따라 달라질 수 있다는 놀라운 체험을 하게 되었다. 비록 부분적이기는 하나, 자신의 고정된 사고나 편견을 허물고, 새로운 깨달음에 도달하는 수필의 멋을 터득한 셈이다.

바람직한 수필의 경향 중에 잘못된 사회풍토를 바로잡아 줄 정의의 글을 써야 하는 것이 오늘날 수필가들의 사명이기도 하지만, 실천하는 자는 드물다. 그런데 박태주는 지나간 '세월호' 사건을 놓고, 정작 중요하게 다루어야 할 부분이 묻히고 넘어가는 것을 안타까워하는 글을 쓰고 있다.

> "선원은 마지막이야! 너희를 구하고 나는 나중에 갈게!"
>
> 2014년 4월 16일 오전 9시를 조금 지나 진도 앞바다에 메아리친 세월호 승무원 박지영 씨의 말이다. 단원고등학교 학생들을 먼저 밖으로 탈출하게 했던 마지막 한마디다. 직업의식에 충실한 나머지 자기 몸은 돌보지 않았다. 이를 두고 어찌 살신성인이라 말하지 않을 수 있으랴.
>
> —〈천사의 목소리〉 중

세월호 참사에 대한 글의 제목을 〈천사의 목소리〉라고 한 것부터가 예사롭지 않다. 죽음의 아우성보다, 죽는 자를 구하기 위하여 생명까지 바치는 희생자들에게 무게를 두었다는 의미다.

구명동의까지 벗어주며 순직한 교사들과, 일부이기는 하나 끝까지 책임을 다하다가 희생한 선원들이야말로 참사 현장의 위대한 빛이 되었기 때문이다. 이들을 위한 애도의 분위기는 제쳐놓은 채, 사건의 진상규명을 중심으로 책임공방에만 열을 올리느라 온 나라가 오랫동안 휘청거렸다. 도처에 '네 탓'만 있고, '내 탓'은 없는 공격 분위기만 팽배했을 뿐이다. 그런 부분을 은근히 지적해 내는 시각도 예사롭지 않았다.

그러면서 부정적인 면보다 긍정적인 면을 돋보이게 보도하는 외국의 사례까지도 소개하면서 대비해 보이고 있다.

> 2011년 3월 11일 동일본 대지진 당시 일본 미야기현의 어촌마을 미나미산리쿠동사무소 직원이었던 엔도 미키다. 그녀는 당시 나이 25세, 결혼 8개월차 새댁이었다. 리히터 규모 9.0의 대지진이 강타한 오후 3시 46분. 위기를 감지한 나머지 2층의 방송실로 뛰어들어 마이크를 잡았다.
>
> "높이 6m의 큰 쓰나미가 오고 있습니다. 즉시 고지대로 대피해 주세요. 해안 근처에는 절대로 다가가지 마세요."
>
> 그녀의 목소리는 계속해서 마을 전체에 울려 퍼졌다. 다급한 외침을 들은 7000여 명의 마을 사람들은 고지대로 대피해 목숨을 건졌다. 그러나 그녀는 동사무소를 덮친 쓰나미에 쓸려간 뒤 한 달이 넘어서야 싸늘한 주검으로 고향 바닷가로 돌아왔던 이야기다.
>
> —〈천사의 목소리〉 중

수필은 흔히 살아가는 신변에서 얻어지는 체험을 소재로 쓰기 마련이다. 그러나 그 체험에 묻어 있는 내면을 찾아 독자에게 공감을 줄 때, 일단 성공한 작품이라 할 수 있을 것이다.

그런 의미에서 이 〈영원한 미소〉는 가치 있는 시도를 유감없이 발휘한 셈이다.

또 다른 작품에서도 이와 비슷한 모습이 나타나고 있다.

중국 투루판박물관에서 1600년 전에 유리관 안에 안치된 미라를 보게 되었는데, 살아 숨 쉬며 자는 모습이었다고 한다. 나이는 사오십 대로 보이고, 잔잔한 미소를 머금고 있었으며, 금세라도 일어설 것만 같았다는 것이다.

어떤 사물을 어떻게 보느냐에 따라 실체가 달라 보인다는 것과, 곁에 있는 현재의 것에서 과거를 떠올리는 수필적 영역을 잘 나타내 보인 셈이다.

이런 부분에서 박태주의 예술적 감각도 예사롭지 않음을 느끼게 한다.

> 나는 미라를 보면서 육신도 영원히 존재할 수 있겠다는 섣부른 판단을 내리게 되었고, 이어 더 깊은 영혼을 찾아가는 시간을 가질 수 있었다. 얼굴에 새겨진 모습만으로도 삶의 흔적을 읽기에 부족

함이 없어 보였다. 마음씨는 늘 온화하고 겸손하며 어려운 일을 쉽게 풀어나가면서 많은 덕을 쌓았으리라 싶었다. 사는 동안 걱정보다는 안심을, 성냄보다는 웃음을 앞세워 스스로 내공을 쌓으면서 행복한 삶을 살았으리라. 그러다가 청정하게 해탈한 모습으로 죽음을 맞이하였고, 죽은 뒤에도 깊은 열락에 빠져 들었을 것만 같았다. 그래서 '이승의 행복했던 삶이 그렇게 좋았던 걸' 하고 낮은 목소리로 내 귀를 울렸던 것일까.

언젠가는 지난 삶을 반추하며 후세에 전할 소중한 이야기들을 들려주리라 싶던 미라. 행복했던 삶에서의 소중한 영혼을 끌어안고 다가올 내세를 기다리고 있는지 모른다. 마치 새 세상을 열려는지 무념으로 일관해 있는 자세는 무량겁을 기약하고 있는 듯해서다. 이런 모습은 이승의 끈을 놓지 않고 영원을 살고 있는 표상表象처럼 내 안으로 들어와 오래 머물러 있을 것만 같다.

사람의 생각은 여러 가지 모습으로 외부에 나타난다고 한다. 미라가 보여준 미소는 생전의 삶에서 성숙된 의식의 표현이었을 듯싶다. 미라를 통해 그런 삶을 닮아가는 현지인들의 밝은 모습 또한 눈에 선하니 말이다.

—〈영원한 미소〉 중

박태주는 이렇게 미라가 보여준 미소 넘어, 자신의 삶을 거울처럼 비쳐보고 있다. 자신은 지금까지 어떻게 살아왔으며, 앞으로 어떻게 살아야 저런 모습이 될까 하는 물음에 해답을 찾으려고 애쓰는 모습도 좋았다.

길지 않는 생존 기간, 욕심과 다툼으로 일관하고 있는 현실을 탓하며, 독자들에게 긍정적인 가치관을 넌지시 던져주고 있다.

박태주의 수필이 풍기는 인상을 한마디로 요약한다면, '전편에 겸허와 순박과 잔잔한 감동을 담아낸 멋진 흔적' 이라 할 수 있다.

그리고 언제나 느긋한 자세로, 문학 수업에 계속 정진하는 저력이 든든해 보인다.

박태주 수필가의 처녀 수필집 《영원한 미소》의 상재上梓를 축하하면서, 앞으로 한국문단에 품위롭고 향기로운 수필의 꽃을 피워주기를 기원하는 바이다.

영원한 미소

018 박태주 수필집

1쇄 펴낸날 | 2015년 2월 3일

지은이 | 박 태 주
펴낸이 | 오 하 룡

펴낸곳 | 도서출판 경남
주 소 | 창원시 마산합포구 몽고정길 2-1
연락처 | (055)245-8818~9
홈페이지 | www.gnbook.com
전자메일 | gnbook@empas.com
출판등록 | 제567-1호(1985. 5. 6.)
편집팀 | 오태민 심경애 구도희

ISBN 978-89-7675-964-1-03810
〔값 13,000원〕